Anonymous

Altertümer von Pergamon

Anonymous

Altertümer von Pergamon

ISBN/EAN: 9783743601062

Hergestellt in Europa, USA, Kanada, Australien, Japan

Cover: Foto ©ninafisch / pixelio.de

Weitere Bücher finden Sie auf **www.hansebooks.com**

ALTERTÜMER

VON

PERGAMON

KÖNIGLICHE MUSEEN ZU BERLIN

ALTERTÜMER

VON

PERGAMON

HERAUSGEGEBEN IM AUFTRAGE

DES KÖNIGLICH PREUSSISCHEN MINISTERS DER GEISTLICHEN UNTERRICHTS-
UND MEDICINAL-ANGELEGENHEITEN

BAND V 2 TEXT

BERLIN
VERLAG VON W. SPEMANN
MDCCCXCV

KÖNIGLICHE MUSEEN ZU BERLIN

DAS TRAIANEUM

VON

HERMANN STILLER

MIT EINEM BEITRAGE VON OTTO RASCHDORFF

MIT XXXXII ABBILDUNGEN IM TEXT UND EINEM ATLAS VON XXXIV TAFELN

BERLIN
VERLAG VON W. SPEMANN
MDCCCXCV
1902 übergegangen in den
Verlag von Georg Reimer Berlin

PERGAMON
V 2

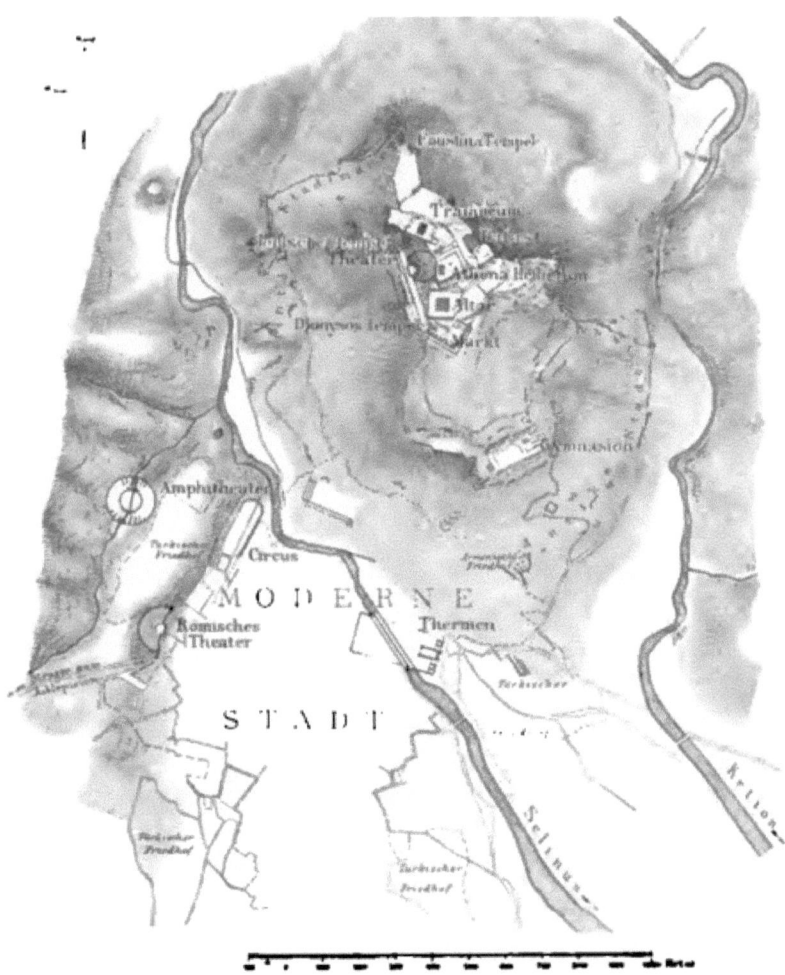

Ansicht von Süden vor der Ausgrabung.

Auf dem höchsten Plateau des Stadtberges von Pergamon liegen auf gewaltigen, an den Südrand vorgeschobenen Unterbauten die Überreste eines der Hauptgebäude der antiken Stadt. Schon aus der Ferne fällt dem Reisenden, welcher sich Pergamon vom Meere her nähert, die grofse Stützmauer mit geheimnisvoll tiefdunkeln Öffnungen der Gewölbe hinter ihr ins Auge. In Ansicht aus der Nähe erscheint sie in der vorstehenden Text-Vignette und der vor S. 5 gestellten Radierung.

Der Platz liegt nur um wenige Meter niedriger als der höchste Punkt des Stadtberges, 325 m über dem Meere, 55 m über der dicht unter dem Abhange beginnenden Theaterterrasse und nur 9 m höher als der südöstlich angrenzende Bezirk des Athena-heiligtums, von dem ein stärkerer Absatz von 24 m zum grofsen Altare hinabführt. Die Aussicht von oben reicht über diese zunächst tiefer gelegenen Teile des Stadtberges in das Selinusthal und auf die Unterstadt hinab, umfafst die weite Fläche des Kaïkosthales mit den begrenzenden Höhen, bis in der Ferne bei lichtem Wetter ein Stück vom Spiegel des Golfs von Tschandarlik, des alten Busens von Elaia, sichtbar wird. Die Taf. II und XXXIV geben von diesem herrlichen Ausblicke einigermafsen eine Vorstellung.

Während beim Beginne unserer Ausgrabungen eine schützende Hülle von Trümmern, Erde und Strauchwerk die umliegenden Baureste der Hochburg fast vollständig verbarg, war der südliche Teil dieses Plateaus von Erdmassen ziemlich frei, und hier und auch weiter zurück lagen, von Kalkbrennern und Steinmetzen aufgewühlt, mächtige Werkstücke weifsen Marmors zu Tage, deren Formen von vornherein auf eine grofse

Tempelanlage korinthischen Stils hinwiesen. Frühere Besucher waren geneigt, in ihr das Athenaheiligtum von Pergamon zu erkennen, das aber inzwischen an anderer, nahegelegener Stelle nachgewiesen ist, wie Bd. II dieses Werkes darlegt. Wir selbst glaubten anfangs das Augusteum an dieser hervorragenden Stelle suchen zu dürfen, aber auch das war irrig.

In zwei Ausgrabungsperioden wurde das gesamte Tempelgebiet freigelegt und ihm so viel abgewonnen, daß eine Rekonstruktion im großen und ganzen gesichert und auch der wahre Name der Anlage festgestellt werden konnte. Im Winter 1879/80, wo mir Otto Raschdorff bei den Arbeiten zur Seite stand, gelang es in der verhältnismäßig kurzen Zeit von etwas über zwei Monaten den Tempel und den Tempelhof freizulegen, die im Osten und Westen den Hof umgebenden Hallen teilweise aufzudecken und die Gewölbe unter dem Tempelfelde, soweit es nötig schien, auszuräumen. Noch ein Mal, im Jahre 1885, war es mir gestattet, nach Pergamon zurückzukehren, und damals wurden die Nord-, Ost- und Westhalle vollständig freigelegt und auch den Kopfbauten der letztgenannten beiden Hallen eingehende Untersuchungen zugewandt. Funde hinabgestürzter Bauteile, welche bei der Abräumung der Theaterterrasse auf deren Nordende gemacht wurden, vervollständigten das gewonnene Material. Um alle Gewölbe unter dem Tempelfelde ganz zu reinigen und den Abhang unterhalb der großen Stützmauer, der ebenfalls untersucht wurde, bis zur Theaterterrasse hinab gänzlich abzugraben, erschien uns die aufzuwendende Arbeit im Verhältnisse zu dem zu erwartenden Gewinne allzu groß.

Von der Stärke der auf dem Tempelfelde zu beseitigenden Erdschicht, welche mit großen Architektur-Blöcken durchsetzt war, giebt uns Taf. XXX eine Vorstellung, Taf. II dagegen zeigt das Tempelfeld nach der ersten Ausgrabung im Winter 1879/80. Damals war der Tempelkern freigelegt, in wirrem Durcheinander reihten sich die Architekturteile des Tempels und der Nordhalle, hier und da noch in ihrer alten Falllage. Räuberische Hände, welchen zumal die Stufen, die dünnen Verkleidungs- und Belagsplatten, die Wandquadern willkommenes Material boten, hatten nach dem Einsturz so gründlich gehaust, daß der Kern des Tempelunterbaus seines Marmors entkleidet war. Die schwer verwendbaren, großen, bildhauerisch bearbeiteten Architektur-Stücke hingegen lagen weniger berührt zumeist an der Nord-, Ost- und Westseite.

Die Gesamtanlage stellt sich dar als ein zum größten Teil auf mächtigen Gewölbe-Unterbauten geschaffenes Feld von rund 60 zu 70 m, aus dessen Mitte der Tempel aufragte und welches nach Norden, Osten und Westen von Hallenbauten eingeschlossen wurde. Die Untersuchung, über welche im Nachfolgenden ausführlich berichtet wird, hat ergeben, daß drei Bauperioden zu unterscheiden sind. In der Königszeit wurde bereits an dieser Stelle ein Platz hergestellt, der im Norden durch eine noch erhaltene niedrige Stützmauer begrenzt war, dessen südlicher Abschluß aber verschwunden ist und von dessen Schmucke eine noch an ihrer ursprünglichen Stelle vorgefundene halbrunde Exedra herrührt. Sodann wurde unter Trajan der Platz für dessen Tempel mit der großen Stützmauer im Süden, zunächst noch ohne Hallenanlagen, hergerichtet und der Tempel gebaut. In der Regierungszeit Hadrians endlich werden die Hallen mit ihren östlichen und weſtlichen Kopfbauten der Anlage angeſchloſſen ſein.

Welchen Zweck die bereits in der Königszeit hergeſtellte erſte Platzanlage gehabt haben mag, iſt hier nicht zu erörtern; ſie ſchloſs an die hinter ihr gelegenen Bauten an, über welche Bd. V, 1 Auskunft giebt. Als ſodann der Kaiſertempel an dieſer Stelle geplant wurde, ergab ſich die Notwendigkeit, den Platz künſtlich zu vergröſsern, die vorderen Teile des Tempels auf Gewölbebauten aufzuführen und ein ausreichend geräumiges Tempelfeld auf vorgeſchobenen Gewölben zu ſchaffen. Was dieſer Ausführung im Wege ſtand, muſste beſeitigt werden. Daſs der Tempel ſelbſt ein Bau aus einem Guſſe iſt, beweiſen die auf Taf. III dargeſtellten Gewölbeanlagen ſowie der Längenſchnitt durch die Unterbauten auf Taf. VII.

TRAIANEVM

Der Tempel.

Die Unterbauten.

Die Einzelbefchreibung beginnt naturgemäß mit den Gewölbeanlagen im Unterbau, welche mit dem Oberbau in Zufammenhang ſtehen.

Auf Taf. III find die höher liegenden Mauern dunkel, die tiefer liegenden heller ſchraffiert. Von vorn gerechnet folgen fich unter dem Tempel felbſt in drei Reihen je fünf Gewölbe, von welchen das mittlere eine größere Breite zeigt als die feitlichen.

Die erſten Gewölbe, im Plan mit c bezeichnet, liegen mit ihrem Scheitel unter dem Plattenbelage des Tempelhofes, tiefer als die übrigen (Taf. VII die Langen- und Querſchnitte). Sie waren dazu beſtimmt, den Unterbau für die Freitreppe zu tragen, welche an der Schlußmauer der erſten Gewölbereihe begann. Da letztere alſo keine erhebliche Laſt zu tragen hatte, iſt ihre Stärke geringer als die der übrigen Mauern. Die zweite und dritte Gewölbereihe, mit bb bezeichnet, beide in gleicher Scheitelhöhe ausgeführt, trugen Umgang und Vorhalle des Tempels. Unter fich find die hinter einander liegenden Gewölbe in verſchiedenen Höhenlagen durch ſchmale Öffnungen verbunden, die wohl hauptſächlich den Zweck hatten, im Zufammenhange mit den entſprechenden Öffnungen der vorderen Gewölbeſchlußmauer durch Zutritt der Luft das Mauerwerk trocken zu erhalten. Die zwiſchen den Gewölbereihen b und c liegende Mauer iſt die ſtärkſte ſämtlicher Quermauern, da ſie die Trägerin der Tempelfront war.

Die hinter der dritten Gewölbereihe b vorhandenen Mauern umſchließen den Raum unter der Cella. Wie aus dem Schnitt auf Taf. VII erſichtlich, liegen die Fundamente dieſer Mauern nur ein Geringes unter dem Plattenbelage des Tempelfeldes. Der Zwiſchenraum zwiſchen den äußeren Mauern brauchte nicht überwölbt, ſondern nur mit Schutt gefüllt zu werden. Anders lag es bei dem Raum unter der Cella, in deſſen einer Abteilung ſich eine Cifterne vorfand. Er mußte überwölbt ſein, und davon rühren eine Zwiſchenmauer und öſtlich und weſtlich an die Hauptmauern angefügte Seitenmauern her. Die ſo entſtandenen beiden Räume find durch eine Thüröffnung verbunden. Während aber ſämtliche Mauern und Gewölbe des Tempelunterbaus aus Quadern aufgeführt find, zeigen dieſe Zwiſchen- und Seitenmauern eine Ausführung in Würfelſteinen mit Füllmauerwerk. Die Gewölbe unter der Cella hatten, wie aus dem Schnitt erſichtlich, eine ſehr geringe Scheitelhöhe, ſo daß ſie bei dem Einſturz des Tempels ſofort zer-

Die Gewölbe unter dem Tempel.

schlagen wurden. Auf den eingestürzten Gewölben fanden wir die Reste zweier kolossaler akrolither Statuen des Trajan und des Hadrian, über welche in Band VII bei Mitteilung aller Einzelstücke berichtet wird. Hier geben wir auf S. 6 und 7 nur eine Ansicht von jedem der beiden Köpfe. Aller Wahrscheinlichkeit nach waren es die Tempelbilder in der Cella.

Die in dem einen Raum vorhandene Cisterne zeigt einen aus vier Quaderschichten bestehenden runden Hals; die Öffnung ist quadratisch, das Innere der Cisterne birnenförmig. Aus dem Felsen gesprengt, hat sie bei 4 m Tiefe einen Durchmesser von 2,50 und ist mit einer 5 bis 6 cm starken Putzschicht überzogen, welche den bei dem Ausbrechen aus dem Felsen sich ergebenden Unregelmäßigkeiten folgt. Die Cisterne fand sich mit Steinen der Cellawand und mit Marmorfragmenten gefüllt.

Trajan

Die Ausführung der Tempel-Unterbauten ist vorzüglich. Außen- und Innenmauern der Gewölbereihen c, bb bestehen aus Schichten scharf aufeinander gearbeiteter Quadern mit etwa 10 cm breitem Randbeschlag und flacher Bosse; die Schichten zeigen durchgehends die abwechselnden Höhenmaße 36 zu 54, bisweilen 35 zu 53 cm, welche Maße wir auch bei anderen noch zu besprechenden Mauern wiederfinden. Die drei Gewölbereihen sind mit Steinquadern ohne Bossen eingewölbt und zwar so, daß vom Kämpfer aus bis zum Schlußstein die Breitenmaße abnehmen. Es sind elf Bogensteine mit den Maßen 32, 29, 26, 24, 22, 20 cm, letzteres für den Schlußstein. Die erste und zweite Bogenschicht ist frei versetzt, in der zweiten finden sich bei sämtlichen Gewölben die Löcher zur Aufnahme der Lehrbögen. Das Gewölbe legte sich flach gegen die Kopfmauern. Wie aus dem Schnitt auf Taf. VII ersichtlich ist, erfolgte die Ausführung der vorderen Gewölbeschlußmauer derart, daß die Binder durchgriffen, die Läuferschichten aber mit Bruch-

fleinmauerwerk in Kalkmörtel ausgefüllt wurden. Die auf Taf. VIII gegebene Anficht der
Wellecke diefer Mauer zeigt die Art der Quaderbehandlung. Wie fo häufig bei antiken
Ruinen fieht man auch hier, dafs Dübel und Klammern von räuberifchen Händen
fpäter ausgebrochen find. Die Verklammerung auch bei diefen Grundmauern zeugt von
der ungemein foliden Bauausführung.

Bei der vorderen Gewölbefchlufsmauer ift noch zu bemerken, dafs fie in Abfätzen
von je zwei Quaderfchichten
aufgeführt ift und dafs jeder
obere Abfatz um 3 cm gegen
den unteren zurückfpringt. Die
Seitenmauern gehen dagegen
fenkrecht in die Höhe. Im
Grundrifs Taf. III und in der
Anficht Taf. VIII zeigt fich eine
85 cm breite Verftärkung der
Seitenmauern, welche zur Aufnahme der hinteren Seitenge-
wölbe dient und auf ihrer ganzen Länge, auch da, wo fie
durch eine Zwifchenmauer unzugänglich gemacht war, die-
felbe vorzügliche Ausführung
zeigt, wie der ganze Tempelunterbau. Um das feftzuftellen,
wurde, wie Taf. VIII zeigt, die
Zwifchenmauer von uns durchbrochen.

Die Gewölbe
unter dem
Tempelfelde.

Hadrian.

Taf. VIII giebt den be-
merkenswerten Auffchlufs, dafs
die Mauern, welche die Gewölbe des Tempelfeldes trugen,
aufser Verband mit dem Tempelunterbau ftehen, dafs alfo
der Tempelunterbau zuerft, die Gewölbemauern des Tempelfeldes nachher ausgeführt wurden.

Wie aus Taf. III erfichtlich, ift die Gewölbeanlage unter dem Tempelfelde keine
ganz regelmäfsige. Von der Mitte ausgehend finden wir ein fchmales, daneben zwei
gröfsere Gewölbe, deren Anordnung im Zufammenhange mit der Anlage der Luftöffnungen
in der vorderen Gewölbefchlufsmauer des Tempels fteht. Die geringe Stärke der beiden

mittleren Mauern ist bedingt durch die Lage der ebenerwähnten Luftöffnungen und des Mittelpfeilers in der grossen südlichen Stützmauer.

Die auf die drei Mittelgewölbe nach links und nach rechts hin folgenden Gewölbe sind von verschiedener Breite mit durchschnittlich gleich starken Zwischenmauern. Die letzten Abschlussmauern dieser Gewölbe östlich und westlich zeigen stärkere Abmessungen und sind nach aussen in Quadermauerwerk ausgeführt, worauf besonders hingewiesen werden muss, da hierin ein Beweis dafür liegt, dass im ersten Plane Hallen nicht vorgesehen waren. Aus welchem Grunde eine der Zwischenmauern schräg angelegt worden ist, war nicht zu ermitteln.

Sämtliche Gewölbe sind unter sich durch Thüröffnungen, welche in gleicher Flucht liegen, verbunden und haben einen Zugang durch die östliche Stützmauer des Tempelfeldes. Auf Taf. VII ist eine dieser Thüröffnungen im Längenschnitt AB und im Querschnitt JK dargestellt. Die Thürschwelle liegt in gleicher Höhe mit der Unterkante der in das erste Tempelgewölbe führenden Öffnung und stimmt mit der Höhenlage des Wulstes der grossen Stützmauer fast überein. Die Thüröffnung, 1,90 breit, von Schwelle bis Scheitel etwa 4,05 hoch, ist von Quadern in unregelmässigen Höhen, welche zwischen 40 und 48 cm schwanken, eingefasst und durch einen 50 cm hohen Bogen geschlossen. Die Bogensteine sind in ihren Breiten verschieden.

Die Gewölbzwischenmauern sind der Konstruktion nach sehr verschieden von denen des Tempelunterbaus (Taf. VIII). Ihre beiden Aussenseiten sind aus unregelmässigen Quadersteinen mit zwischen 15 und 30 cm wechselnden Schichtenhöhen ausgeführt, die niedrigeren Schichten häufig durch hochgestellte, tiefgreifende Binder unterbrochen. Dass man gelegentlich nicht wählerisch im Material war, zeigt die Verwendung eines von einem andern Bau herrührenden, mit Klammer- und Dübelloch versehenen Steines als Deckstein für eine der Öffnungen. Wie das Mauerwerk in die absetzenden Quadern der Thüreinfassungen eingreift, ist aus dem Längenschnitt AB auf Taf. VII ersichtlich. Zwischen den beiden Aussenseiten ist das Innere aus Füllmauerwerk hergestellt. Unter den Kämpfern finden sich in ziemlich regelmässigen Abständen ausgesparte Öffnungen, welche für die anlässlich der Einwölbung notwendigen, die Lehrbogen und Einschalungen tragenden Balken bestimmt waren (Taf. VII, Schnitt AB, Taf. VIII). Die Gewölbe sind aus unregelmässigen Würfeln und Gussmauerwerk hergestellt, im Scheitel durchschnittlich 50 cm stark. Taf. VIII giebt ein besonders anschauliches Bild von der Ausführung der Zwischenmauern und zeigt namentlich auch das halbe Gewölbe, welches sich, wie bereits erwähnt, gegen den Tempelunterbau ohne Verband anlehnt.

Auffallend ist die Art der Gewölbeausführung in zwei Zeiten. Im Längenschnitt AB Taf. VII zeigt sich ein scharfer Abschnitt des Gewölbes senkrecht über der rechten Thürkante. Bei genauer Untersuchung fand man das Gleiche auch bei den übrigen vorhandenen Gewölben (vergl. Taf. I Gewölbeöffnungen), und stellte fest, dass der Kopf dieser Gewölbe aus regelrecht bearbeiteten Wölbsteinen hergestellt war. Dass die Gewölbe an dieser Stelle etwa, so wie jetzt meist in der Ruine, abgeschnitten hatten, wird dadurch widerlegt, dafs sich zwei Räume ganz überwölbt erhalten haben, mit besonders vorgesetzten, bis an die grofse südliche Stützmauer reichenden Gewölbeabschnitten. In diesen vorgesetzten 3,30 langen Gewölbeabschnitten liegen die auf jeder Seite befindlichen drei Balkenöffnungen um einige Schichten höher, als sonst. Eine Erklärung für diese also offenbar erst nachträglich vorgenommene Einwölbung der vorderen Teile läfst sich nur durch die Ausfüllung der Gewölberäume durch Bauschutt geben. Wollte man die unteren Räume zugänglich und auch verwendbar machen, so mufsten sie vom Felsen aus bis zur Schwelle der Thüröffnungen aufgefüllt werden. Der kürzeste Weg war der über die Gewölbe; man liefs also den vorderen Teil der Gewölbe zunächst unausgeführt, um hier einschütten zu können, und schlofs ihn erst, nachdem die Einschüttung stattgefunden hatte. Durch Grabungen fand sich, dafs die Schüttungen aus Abfällen der Bruchsteine, aus Marmorsplittern, auch aus verworfenen Bausteinen bestanden. Auch das links von der Tempelfundamentmauer befindliche erste hintere Gewölbe, welches unzugänglich war und dessen Schlufswand (vergl. Taf. VIII) erst während der Ausgrabungen durchbrochen wurde, fand sich von Bruchsteinabfällen gefüllt.

Eine Zwischenmauer, welche sich an die Tempelfundamentmauern anlehnt und parallel zur grofsen Stützmauer geht, schliefst die vier östlichen Gewölbe gegen den Felsen, die westlichen, da hier der Felsen weiter zurückweicht, gegen vier dahinter liegende kleinere Gewölbe ab. Wie aus Taf. III ersichtlich, bilden die Zwischenmauern dieser kleineren Gewölbe nicht die Fortsetzung der vorderen. Die Gewölbe spannen sich über den ansteigenden Felsen, sind daher niedrig. Das dem Tempel zunächst liegende erste Gewölbe ist mit dem folgenden durch eine schmale Thüröffnung verbunden und hatte aufserdem eine Einsteigeöffnung im Plattenbelage des Tempelfeldes. Diese Öffnung ist 40 cm im Quadrat grofs und im Gewölbe einschliefslich des Plattenbelages 1,46 hoch. Ob sie nur dazu diente, das Austrocknen der Gewölbe zu ermöglichen oder wozu sonst, bleibt dahingestellt. Im Mauerwerk des westlichen letzten Gewölbes wurde ein Kanal aufgedeckt, der 1,60 unter dem Plattenbelag des Tempelfeldes lag und seine Fortsetzung nach Westen hin fand.

Die vorderen Gewölbe des Tempelfeldes haben trotz ihrer vortrefflichen Ausführung und Stärke der Zerstörung nicht überall Widerstand leisten können. Die östlichen, welche auf höher liegendem Felsgrund errichtet wurden, sind bis auf die Kopfbauten und einzelne Durchbrüche gut erhalten, die mittleren haben sich bei dem Einsturz des Tempels von dessen Unterbau, mit dem sie nicht im Verbande standen, losgelöst, erhielten Risse, welche dann beim Nachsuchen nach den Klammern im Tempelunterbau vergröfsert wurden. Die beiden letzten westlichen Gewölbe sind aber vollständig eingestürzt, selbst die Thürbögen ihrer Zwischenmauern sind vernichtet. In den mittleren Gewölben fanden sich Architekturteile des Tempels, Säulentrommeln und anderes vor, alles im Laufe der Zerstörung herabgestürzt.

Die große Stützmauer.

Nach vorn werden die elf vorderen Wölbräume unter dem Tempelfelde durch die große südliche Stützmauer abgeschlossen, welche mit den Zwischenmauern in Verband steht, woraus auf gleichzeitige Ausführung zu schließen ist (Taf. I. III. VII. XXXII).

Die Gesamtlänge der großen Stützmauer, im oberen Teil gemessen, ausschließlich der späteren, gleich zu erwähnenden Verlängerungen nach Osten und Westen zu, beträgt 70 m. Der tiefste Punkt, an dem sie auf den Felsen aufsetzt, (Taf. XXXII) liegt 22,70 m unter dem Plattenbelage des Tempelfeldes. Die aus Gestein des Burgfelsens oder umliegender Höhen hergestellten Außenquadern zeigen trotz starker Verwitterung scharf aufeinander gearbeitete Fugen, Randbeschlag und Bossen, und sind unter einander verdübelt. Auch hier sind die Dübel in späteren Zeiten gewaltsam ausgebrochen worden. Die Innenseite hat das gleiche aus kleinen, unregelmäßigen Quadern bestehende Mauerwerk, wie die Zwischenmauern der hinterliegenden Wölbräume. Zwischen der äußeren Quaderfront und diesem Innenmauerwerk befindet sich eine Ausfüllung von Bruchsteinen in Kalkmörtel.

Die Quaderfront der großen Stützmauer steigt in drei Absätzen auf, welche verschiedene Behandlung zeigen.

Der untere Absatz, auf treppenförmig aufsteigender Sohle in einer Breite von 3,22 m aufsetzend, erhebt sich mit neunundzwanzig Schichten von unregelmäßigen Höhen bis zu einem Wulst, der, 36 cm hoch und 23 cm ausladend, seinen oberen Abschluß bildet. Taf. I und XX (rechts unten) zeigen deutlich die unregelmäßige Schichtenbehandlung. In jeder Schicht folgt auf zwei bis drei Läufer von 30 bis 40 cm Tiefe jedesmal ein stark eingreifender Binder.

Über dem Wulst setzt der zweite Absatz auf, zehn Schichten bis zu einem 5 cm vorspringenden und 27 cm hohen Bande. Dieser Absatz setzt hinter die untere Mauer um 27 cm zurück, seine Mauerstärke beträgt demnach 2,65. Er reicht im Westen bis zur ursprünglichen Ecke, biegt nach Norden mit einigen Schichten um und geht hier mit dem unteren Stützmauerabsatze senkrecht in die Höhe. Die Schichten des zweiten Absatzes haben gleichmäßigere Höhen, als die des unteren; sie wechseln zwischen 45 und 49 cm, eine Schicht ist 53 cm hoch, und es folgt auch hier auf je zwei bis drei Läufer immer ein Binder. Dieser zweite Absatz ist, wie Taf. I zeigt, stark zerstört.

Von dem dritten, obersten Absatz, welcher vom Band aus um 30 cm, von dem darunter liegenden Mauerwerk um 25 cm zurücksprang und bis zum Plattenbelage des Tempelfeldes reichte, ist nur wenig vorhanden. Bei genauer Untersuchung fanden sich noch Reste von drei Pfeilern, jeder dieser Pfeiler in durchschnittlicher Breite von 3,38 m und einer Tiefe von 2,70 m, diese gemessen von der ersten vorn als Sockel durchgehenden Schicht bis zur Hinterkante; die Öffnungen zwischen den Pfeilern sind 2,61 m weit. Die Pfeiler sind mit großen Quadern eingefaßt, in deren Verzahnung Mauerwerk aus kleineren Steinen eingreift (Taf. VII, Langenschnitt *A B*). Die Erhaltung eines Kämpferansatzes an einem der Pfeiler beweist, daß die Pfeiler mit Bogen geschlossen, also Lichtöffnungen für die Gewölbe angelegt waren. Reste ähnlicher Pfeileranlagen des Ostbaues sind ein weiterer Beweis für diese Annahme. Da die Eintragung in den

Grundrifs die Anlage der Lichtöffnungen mit fast gleichen Achfenabftänden ergab, wurde die Rekonftruktion der Mauer mit Lichtöffnungen auf Taf. XXXII durchgeführt.

Von befonderer Wichtigkeit war die Unterfuchung der urfprünglichen Südweftecke, welche auf Taf. I durch eine fcharfe Schattengrenze von ihrer weftlichen Verlängerung abfetzt, wie auch in der Zeichnung auf Taf. XXXII dargeftellt ift und Taf. XX in anderer Anficht veranfchaulicht. Es hat fich ergeben, dafs die Südweftecke aufser Verband mit der demnach fpäter angefügten weftlichen Stützmauerfortfetzung ftand. Die Ecke ift lotrecht aufgeführt und zeigt von unten an abwechfelnd in regelrechtem Verbande den grofsen Laufer und den fchmalen Binder, jedesmal mit Randbefchlag und Boffe. Vergl. auf Taf. XX die Stelle, wo fich die eingeflickte Mauer an die Hauptftützmauer anlehnt. Nachgrabungen hinter der eingeflickten Mauer haben die Fortfetzung der weftlichen Gewölbftützmauer in Quaderausführung bis zum Beginn der im Grundrifs Taf. III angegebenen fchrägen Mauer nachgewiefen. Diefe kurze fchräge Mauer, deren Fortfetzung nicht verfolgt werden konnte, fteht aber in vollem Verbande mit der weftlichen Gewölbeftützmauer und ift in Würfelmauerwerk ausgeführt, ihre Fugen find mit Kalk verftrichen und mit der Kelle geritzt. Dafs die grofse füdliche Stützmauer urfprünglich weftlich mit den Gewölben fchlofs, wird ferner dadurch bewiefen, dafs der Wulft, welcher den unteren Teil der grofsen Stützmauer abfchliefst, fich um die urfprüngliche Ecke fortfetzt und an der erwähnten fchrägen Mauer totläuft. Es ift alfo unzweifelhaft, dafs hier die urfprüngliche Anlage des Tempelfeldes endete, deren Anfang auch an entfprechender Stelle im Often (Taf. III) nachweisbar ift.

Taf. III zeigt klar die Trennung der Stützmauer und der fpäteren öftlichen Anbauten. Taf. XXII und XXXII laffen links vom Zugang die Stelle, wo durch Verzahnung der öftliche Anbau eingriff, erkennen.

Konnte fchon bei den erften Ausgrabungen in den anftofsenden Gewölben der Ofthalle feftgeftellt werden, dafs die öftliche Stützmauer gleich der weftlichen nach aufsen Quadern zeigt, fo wurde die fpätere Anfügung der Kopfbauten der Ofthalle durch nachträglich von Bohn vorgenommene Ausgrabungen und Unterfuchungen unzweifelhaft feftgeftellt. Nach Ausfchachtung des kleinen Vordergewölbes der Ofthalle (Taf. XVII Grundrifs der Unterbauten und Querfchnitt IX) fand fich der Hauptzugang zu den Vordergewölben des Tempelfeldes und in feiner Leibung die fcharfe Trennung der Stützmauer und des vorgefetzten Mauerwerks.

Bei der Verfolgung der Hauptftützmauer nach Often zu wurde an der von aufsen in den öftlichen Anbau führenden Thür (Taf. XXI, XXII) die Südoftecke der urfprünglichen Stützmauer, wenn auch durch einzelne Verzahnungen unterbrochen, klar erkannt. Diefe geringen Verzahnungen find fichtlich nachträgliche, wie fich aus dem Vergleich des Mauerwerks zu beiden Seiten (Taf. XXII) klar ergiebt.

Somit wäre feftgeftellt, dafs der erfte Plan fich nur auf Errichtung des Tempels und der erforderlichen Unterbauten für ein Tempelfeld erftreckte, dafs aber Oft- und Wefthalle fpätere Zuthaten find.

Der Oberbau.

Schon bei Befprechung der Unterbauten des Tempels wurde darauf hingewiefen, dafs die vordere, tiefer liegende Reihe der Gewölbe dazu diente, die Freitreppe zu tragen, während die Anordnung des übrigen, im Grundriffe auf Taf. III fchwarz gegebenen Mauernetzes durch die im Oberbau aufzuführenden Säulenftellungen und Wände beftimmt war.

Die Dispofition zeigen mit allen Einzelheiten der Grundrifs des Oberbaues auf Taf. IV und auf demfelben Blatt im Schnitt L.M (vergl. Taf. III) feine Seitenanficht, die hier im Zufammenhang mit dem vorderen Tempelunterbau dargeftellt ift. Als Cella erweift fich der Raum über den beiden Gewölben; vorgelegt ift der Pronaos, deffen Unterbau für die Marmor-Belagplatten fich vollftändig erhalten zeigt. Die einfchliefsenden Mauern trugen die Cellawände und nach vorn die Pronaosfäulen; zwifchen den Grundmauern der Cellawände und denen der äufseren Säulenreihen liegen auf Füllmauerwerk die Unterplatten für den Fufsbodenbelag. Auf der vorderen breiten Mauer war die Front des Tempels aufgebaut, zu welcher, wie bereits bemerkt, die auf den tiefer liegenden Gewölben aufgefetzte Freitreppe führte.

Der Oberbau des Tempels trennt fich in zwei Teile, in den Sockel oder die Krepis, und in den Aufbau.

Der Sockel. Der Sockel, wie er nach der Ausgrabung erfchien, ift auf Taf. II, VI und IX dargeftellt, Taf. IV und V geben ihn im Grundrifs und in feinen vier Anfichten. Betrachten wir den Grundrifs in der Richtung von Süd nach Nord, fo finden wir die tiefer liegende, 20,01 lange vordere Schlufsmauer der Tempelgewölbe mit der Schichtenausführung, wie fie fich in verfchiedenen Höhenlagen erhalten zeigt, die Lauferfchichten mit der Bruchfteinfüllung und die zufammenflufsenden Binderfchichten. Auf Taf. V (Südfeite) find die noch erhaltenen oberen Schichten diefer Schlufsmauer im Längenfchnitt, zugleich die Kopffeiten der unteren erften Gewölbereihe gegeben. Ein rechts davon gezeichneter Querfchnitt zeigt die Ausführung derfelben Mauer. Auf Taf. VII erfcheint fie in ganzer Höhe.

Wie fchon erwähnt, kann der Platz für den Aufgang zum Tempel nur auf der tiefer liegenden erften Gewölbereihe gefucht werden, da ein Treppenvorbau fich nur von einem mit dem Tempelfelde ausgeglichenen Mauerkörper erheben konnte. Leider ift von dem Treppenvorbau nichts mehr erhalten. Auch die Ausführung der vorbefprochenen vorderen Gewölbefchlufsmauer, die geringe Stärke, fowie Füllmauerwerk zwifchen Lauferfchichten, läfst fie als Trägerin einer leichten Laft wie der Treppe und als Abfchlufsmauer der vorderen Gewölbereihe erkennen, während die Stützmauer der Tempelfront fich als folche durch die gröfsere Mauerftärke und in der Durchführung als volle Quadermauer kennzeichnet. Diefe Tempelfrontftützmauer, auf Taf. IV im Grundrifs und auf

Taf. V in der Vorderansicht in drei Schichten dargestellt, ist in der alten Höhe nicht mehr erhalten, auf der Westseite sogar ganz abgebrochen, wahrscheinlich von Klammernsuchern, die in die Gewölbe eindringen wollten. Der Grundriss zeigt, wie sämtliche Werksteine unter sich durch Klammern verbunden waren. Bis zu dieser Mauer reichen auch die unteren, wie auf Taf. V (Westseite) angegeben, zum Teil ausgeklinkten Quaderschichten, in welche die Unterlagen für die um den Tempelunterbau umlaufenden drei Marmorstufen einbanden. Für die Besprechung des Unterbaus ist stets die dritte Schicht der Tempelfrontstützmauer als Ausgang angenommen.

Auf der Ostseite finden wir auf der dritten Schicht eine vierte abgebrochene, auf welche eine fünfte von geringerer Höhe, im Grundriss hell angegeben, aufsetzt. Diese fünfte Schicht, in zwei Teilen auf derselben Seite erhalten, zeigt uns in dichter Folge Klammerlöcher mit Klammervertiefungen nach aussen gerichtet, woraus mit Sicherheit geschlossen werden kann, dass die den Mauerkern verkleidenden Marmorplatten bis zu dieser Schicht reichten und mit ihr durch Klammern verbunden waren. Auf der Nordseite sind nur rechts die Ecksteine der vierten und fünften Schicht, auf der Westseite beide Schichten fast vollständig erhalten. Auch auf der Westseite zeigen die Platten der fünften Schicht die nach aussen gerichteten Klammervertiefungen. Über dieser fünften Schicht liegt die oberste Schicht der Untermauern für Cella- und Pronaoswände 13 cm, die Unterlage für den Plattenbelag des Umgangs 26 cm, die für den Plattenbelag des Pronaos 45 cm höher. Auf diese Masse wird bei der Rekonstruktion zurückgegriffen werden. Im Grundriss sind die Höhenlagen durch Schatten genau angegeben.

Bei der Südseite zeigt sich rückliegend die Stützmauer der Pronaossäulen; die letzten Steine derselben links sind zur Aufnahme der Gesimsblöcke ausgeklinkt, die beiden Steine rechts, auf welche der Plattenbelag des Umgangs aufsetzt, erhöht. Die höchste Schicht in der Mitte ist die Unterlage des Plattenbelages des Pronaos.

Hinter der Aussenmauer der Ostseite finden wir, von links beginnend, die Stützmauer der Pronaossäulen, die Unterlage für die Belagsplatten des Umganges auf Füllmauerwerk aufgeführt, rechts zurückliegend die Untermauer der Cellawand. Auf der rechten Seite sind zwei höher liegende Steine vorhanden, welche in ihren Ausklinkungen den Marmorbelag des Umganges aufnahmen. Auf der linken Seite zurückliegend ist noch die Unterlage für den Plattenbelag des Pronaos zu erwähnen.

Bei der Westseite folgen sich von rechts nach links die Kopfansicht der Tempelfrontmauer, das blossgelegte Gewölbe der zweiten Reihe, hinter der Aussenmauer der Kopf der Pronaossäulenmauer mit der Fortsetzung der Pronaos- und der Cellawand, darüber die Unterlage des Plattenbelags des Pronaos, ferner links in zwei Teilen die Unterlage für den Plattenbelag des Umgangs.

Die Nordseite zeigt rechts und links die vierte und fünfte Schicht der Aussenmauern, das Füllmauerwerk mit der Unterlage des Plattenbelags des Umganges, die stellenweise ausgebrochenen Kopfmauern der Cellawand, darüber zurückliegend die Unterlage

des Plattenbelags des Pronaos. Die Unterlage für den Plattenbelag des Umganges weift
auf die verschiedene Höhenlage der Cellawand und der fünften Schicht der Aufsenwand
hin. Links ruht auf der Kopfmauer der Cellawand der zur Aufnahme des Marmor-
belages des Umganges beftimmte ausgeklinkte Stein.

Alle tragenden Mauern find in fcharf bearbeiteten Werkfteinen ausgeführt und
zeigen in allen Schichten Verklammerungen.

**Die Marmor-
verkleidung
des Sockels.**

Bei der Ausgrabung fanden fich an alter Stelle von der Marmorverkleidung nur
noch einzelne Stufen und ein Stück des Sockelfufsgefimfes vor, nämlich auf der Oftfeite
(Taf. IV Grundrifs und Anficht im Schnitt L.M, ferner Taf. VI drei auf einander folgende
Stufen und das Stück Fufsgefims, an der Nordoftecke die untere Stufe, vorzüglich erhalten, an der Weftfeite nur einzelne Stufen.

Diefe Funde ergaben zunächft die genaue Breite des Tempels von Vorder- zu
Vorderkante der unteren Stufe mit 19,70, die Steigungs- und Auftrittsmafse der Stufen,
ferner die Lage des reichen Fufsgefimfes, welches ohne Übergangsprofil aus einer Blattwelle
und aus einem Wulft befteht und mit der Vorderkante der dritten Stufe abfchneidet,
und endlich die Gewifsheit einer Plattenverkleidung des Mauerkerns. Von Vorderkante der
unterften Stufe bis Beginn der Blattwelle ftellten die Meffungen 1,005, bis zum Mauerkern 1,255 feft, fo dafs fich für die Verkleidungsplatte einfchliefslich des Ablaufs, welcher
bei der Form des Sockelgefimfes vorhanden fein mufste, eine Dicke von 25 cm ergiebt.

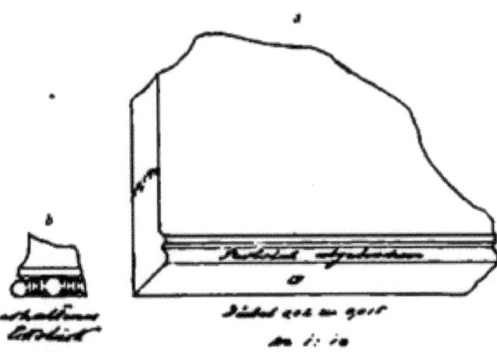

Diefes Mafs wird oft bei den
bald vor-, bald zurückftehen-
den Quadern des Mauerkerns
gefchwankt haben und kann
daher nicht als abfolut genau
genommen werden.

Bei der gründlichen Zer-
ftörung des Tempels find die
Verkleidungsplatten leider nur
in einzelnen Fragmenten gefunden, fo in nebenftehend
fkizziertem Stücke a, welches
Ablauf, Plättchen und Perlftab, letzteren zerfchlagen,

zeigt. Dafs es zum unteren Teil der Platte gehört, ergiebt fich daraus, dafs das vorhandene Dübelloch nur 2 zu 1½ cm grofs ift und keine Gufsrinne zeigt. Die Klammerlöcher, welche fich bei einem Oberteil zeigen müfsten, fehlen ebenfalls. Die Entfer-
nungen der Perlen, verglichen mit den Abftänden der Blätter auf dem Sockelgefims,
ergeben eine Übereinftimmung, da auf den Abftand von Blatt zu Blatt mit 0,155 zwei
Perlenreihenteile mit je 0,0775 kommen.

An einem zweiten vorftehend gleichfalls abgebildeten Fragmente (b), welches von einer Ecke herrührt, find Perlen und Zwifchenfcheibchen vollftändig erhalten.

Auch die oberen Übergangsprofile der Verkleidungsplatten find nur in Fragmenten erhalten, fo in dem beiftehend abgebildeten mit Ablauf, Plättchen und Perlftab. Das Zwifchenmafs der Perlen ftellt fich auf 0,107, die Perlen find in die Länge gezogen. Damit fie nicht von der aufliegenden Laft abgedrückt wurden, find fie tiefer gelegt. Dafs diefes Fragment dem oberen Teil angehörte, beweift das ausgebrochene Klammerloch, welches um 4 cm von der Vorderkante zurückliegt.

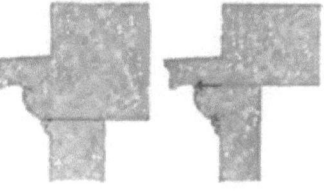

Drei andere Plattenfragmente zeigen über den Übergangsprofilen einen grofsen Eierftab, welcher in Form und Höhe dem Eierftabe an dem fpäter zu befprechenden Plinthendeckgefimfe gleich ift. Hieraus mufste die Zugehörigkeit der Plattenfragmente zu den Verkleidungsplatten gefolgert werden. Es ergiebt fich alfo, dafs bei der Verkleidung des Mauerkerns, wie nebenftehende Zeichnungen erläutern, zweierlei Platten zur Verwendung kamen. Durchgehends werden Platten mit dem einfachen Übergangsprofil ausgeführt worden fein, worauf fchon die fünfte Schicht mit den nach aufsen gerichteten Klammerlöchern hinweift (vergl. Taf. IV, Tempel Grundrifs), während die Platten mit dem Eierftababfchlufs entweder, durch zufällige Materialverwendung bedingt, in abweichender Art am Tempelkern, oder aber als Verkleidungsplatten der Treppenwange zur Verwendung gelangten.

Das erfte nebenftehend abgebildete Plattenfragment, auf der Rückfeite abgebrochen, zeigt Anlauf, Platte und Perlftab in gleichen Abmeffungen und in gleicher Ausführung wie das oben befprochene Plattenoberteil, dazu einen Eierftab mit abgebrochenem Deckplättchen. Die Höhenmafse, von unten beginnend, find für Plättchen und Perlftab zufammen 0,045, für den Eierftab rund 0,12, für das Deckplättchen 0,03; die Gefamthöhe beträgt demnach 0,195.

Das zweite, rückfeitig abgebrochene 0,19 hohe Fragment zeigt die Übergangsglieder und den Eierftab mit Deckplättchen, ferner auf der Oberfläche ein ausgebrochenes Dübelloch mit Gufsrinne und ein Scherloch, welches von Vorderkante Eierftab 13½ cm entfernt ift. Diefe geringe Entfernung des Scherloches von der Vorderkante des Eierftabes weift auf eine Verkleidungsplatte hin. Bei diefem Fragment zeigt fich auch in der Breite der Ausladung der Glieder die vordere Auflichtsfläche vertieft, um das Abgedrücktwerden durch darüber liegende Platten zu verhindern.

Das dritte 40 cm hohe und 60 cm lange Fragment ist rückfeitig nicht abgebrochen, zeigt die linksfeitige, gefchliffene 26 cm tiefe Fugenfläche, ferner bei 19 cm Höhe die Übergangsglieder und den Eierftab mit dem Deckplättchen. Auf der Oberfläche finden fich an der linken Fugenfläche und für die Verbindung nach hinten je ein Klammerloch, ferner ein Dübelloch mit Gufsrinne.

Diefe zwei Arten von Verkleidungsplatten bedingen, dafs das auf Tafel X in der Rekonftruktion dargeftellte Sockelabfchlufsgefims teils aus Eierftab, Hängeplatte und Stufe, teils nur aus Hängeplatte und Stufe beftehen mufste. Gefunden wurden nur fehr verftümmelte Stücke der erften Art. Das beftherhaltene zeigt die obere Platte abgefprungen, fo dafs die Höhe des Gefimsblockes aus anderen Stücken ermittelt werden mufste. Das 45 cm hohe Gefims beginnt mit einem kräftigen, tief unterfchnittenen Eierftab, auf welchen die 0,205 ausladende, mit einem Mäander verzierte und mit einem kleinen Kyma auslaufende Platte auffetzt, und endet mit einer 21 cm hohen Platte, welche der oberften Stufe der Freitreppe entfprach.

Auf der Oberfeite zweier kaum zur Hälfte erhaltenen Gefimsblöcke zeigen fich runde, gefchliffene Auffatzflächen von etwa 1,20 Durchmeffer, welche über die anfchliefsenden gefpitzten äufseren Flächen erhöht find. Diefe Auffatzflächen deckten fich mit gleichen unter den quadratifchen Bafisplatten der Säulen befindlichen. Diefe Bearbeitung hatte den Zweck, den Druck der Säule mit den darauf ruhenden Laften direkt auf das Mauerwerk des Unterbaus zu übertragen, die Verkleidungsplatten alfo zu entlaften. Der 26½ cm breite Abftand der gefchliffenen Auffatzfläche vom Beginn des Eierftabes deckt fich mit dem früher nachgewiefenen Tiefenmafs der Verkleidungsplatte, wobei die Übergangsglieder eingerechnet find

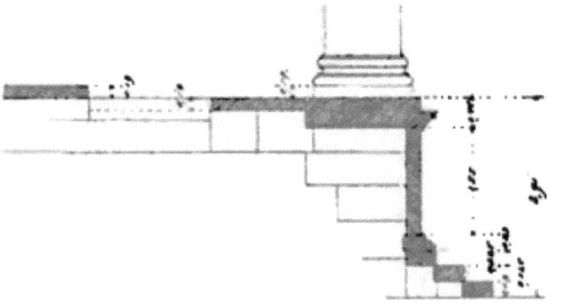

Einer der zertrümmerten Gefimsblöcke mifst in der Tiefe etwa 1,60 und weift für den Seitenanfchlufs die übliche Bearbeitung, gefchliffenen Rand mit gefleckter Mittelfläche auf.

Rekonftruktion des Sockels.

Die Rekonftruktion des Tempelfockels ergiebt fich wie vorftehend fkizziert. Der Aufbau begann mit drei Stufen; die oberfte trug das Sockelgefims, auf welches die Verkleidungsplatten auffetzten. Letztere reichten bis zur fünften Schicht des Mauerkerns, wie früher bereits aus den nach außen gerichteten Klammerlöchern auf dieser Schicht nachgewiesen wurde. Die Höhe der Platten betrug demnach 1,55. Auf diese Verkleidungsplatten und auf die fünfte Schicht des Mauerkerns setzte das 45 cm hohe und etwa 1,65 tiefe Deckgesims auf, welches bis zum unteren Plattenbelage des Umganges reichte. Bündig mit der Oberfläche dieses Gesimses lag der Marmorbelag des Umganges, der an das Fußgesims der Cellawand anschloß.

Es ergiebt sich ferner, daß der Pronaosfußboden mit Marmorplatten belegt sein mußte, welche die Höhe der quadratischen Säulenbasisplatte, also 19 cm, hatten. War demnach der Pronaosfußboden und im Zusammenhang damit der Cellafußboden um 19 cm über den Umgang erhöht, so setzten die Basen der Pronaossäulen direkt mit dem Wulst auf den Marmorplattenbelag auf.

Den Aufbau des Tempels bestimmen die Säulen, das Gebälk, die Wände und die Überdachung. Wir beginnen mit der Säule, welche sich aus Basis, Schaft und Kapitell zusammensetzt.

Aufbau des Tempels.

Von Säulenbasen sind nur Fragmente vorhanden. Die Basis besteht aus einer quadratischen geschliffenen Unterplatte von 1,43 Länge und Breite und 19 cm Höhe; darüber folgten der mit einem Bandmotiv verzierte Wulst, Platte, Hohlkehle, Platte und der mit einem Schuppenmuster versehene abschließende Wulst, alles reich durchgebildet und vortrefflich gearbeitet. Die Wiederherstellung geben Taf. X und beistehender Durchschnitt. Die Gesamthöhe der Basis beträgt 0,588. Auf der Unterseite der quadratischen Platte befindet sich eine um 3 mm erhöhte kreisrunde geschliffene Fläche von 1,20 Durchmesser, entsprechend der auf der Oberfläche des Sockelabschlußgesimses befindlichen bereits erwähnten Erhöhung. Auf dieser runden Fläche unter der Basis finden sich zwei Dübellöcher, auf der Oberfläche ein Scherloch und zwei Dübellöcher mit den entsprechenden Gußrinnen.

Die Säulen.

Aus den verhältnismäßig zahlreichen Säulenfundstücken ergab sich, daß der Schaft aus einzelnen Trommeln zusammengesetzt war. Die genaue Höhe des Säulenschafts zu bestimmen war aber nicht möglich, da die Trommeln verschiedene Höhen zeigen und keine untere Säulentrommel ganz erhalten geblieben ist. In alter Falllage fanden sich hintereinander Säulentrommeln der Nord-

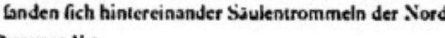

oftecke (Taf. II und XXX), fowie das Kapitell und zwei Trommeln der nordweft-
lichen Eckfäule.

Die vorhandenen Trommeln haben folgende Maſse:

a) eine oberſte Trommel 1,787 lang, 0,93 ob. Durchmeſſer, 0,95 unt. Durchmeſſer
 » zweite » 1,46 » 0,95 » » 0,89 » »
 » dritte » 1,48 » 0,99 » » 1,03 » »
b) » oberſte » 1,798 » 0,94 » » 0,99 » »
 » zweite » 1,457 » 0,99 » » 1,02 » »
 » dritte » 1,484 » 1,02 » » 1,045 » »
c) » oberſte » 1,783 » 0,94 » » 0,982 » »
 » zweite » 1,472 » 0,982 » » 0,995 » »
d) » mittlere » 1,481 » 0,98 » » 1,01 » »
 » » » 1,477 » 1,01 » » 1,032 » »
e) » unterſte » Länge nicht erhalten fehlt 1,08 » »

f) zerſpaltene Trommeln, deren Längen gemeſſen, deren Durchmeſſer aber nicht beſtimmt werden konnte:

 ein Stück 1,48 lang   ein Stück 1,48 lang
 » » 1,473 »   » » 1,50 »
 » » 1,80 »   » » 1,50 »
 » » 1,465 »   » » 1,78 »
 » » 1,46 »   » » 1,48 »
 » » 1,46 »

Aus dieſen Aufmeſſungen ergiebt ſich, daſs die Längen der drei oberſten Trommeln, deren verſchiedene Durchmeſſer und der Durchmeſſer der unterſten Trommel annähernd nachgewieſen werden können. Wir finden ferner, daſs die oberſte Trommel länger als die mittlere iſt und können daraus den Schluſs ziehen, zumal eine unterſte im oberen Teil zertrümmerte Trommel bis auf 1,50 Länge erhalten iſt, auſserdem ein Fragment von 1,80 Länge vorkommt, daſs die unterſte Trommel etwa gleiche Länge mit der oberſten gehabt hat. Nehmen wir ein Durchſchnittsmaſs von 1,80 für die untere und obere, 1,48 für die mittlere Trommel, ſo läſst ſich die Schafthöhe annähernd beſtimmen. Da wir es mit einem Tempel korinthiſcher Ordnung zu thun haben, wird ſich die Geſamthöhe der Säule auf 9—10, die des Schafts auf ungefähr 7½.—8½. untere Durchmeſſer belaufen.

Zur Beſtimmung der Höhe des Schafts wie der Säulentrommeln diene noch folgende Rechnung. Der Säulendurchmeſſer beträgt 1,08. Bei 7½, unteren Durchmeſſern ergiebt ſich eine Schafthöhe von 7½·1,08 = 8,10. Dieſes Maſs ſtimmt annähernd mit fünf Trommeln, 2·1,80 + 3·1,48 = 8,04, überein. Nimmt man 8½, untere Durch-meſſer für den Schaft an, ſo erhalten wir 8½·1,08 = 9,18, ein Maſs, welches für ſechs Trommeln (2·1,80 + 4·1,48 = 9,52) zu gering wäre. Der Rekonſtruktion ſind demnach fünf Trommeln zu Grunde gelegt worden. Auch der geſamten gedrungenen und kräftigen Detailbehandlung entſpricht ſehr wohl die Annahme von neun unteren Durchmeſſern für die geſamte Säulenhöhe. Auch bei dem in mancher Beziehung verwandten römiſchen Umbau des ioniſchen Tempels auf der Theaterterraſſe beträgt das Verhältnis des unteren Säulendurchmeſſers zur Säulenhöhe etwa 1 : 9.

Die unterſte Trommel zeigt als Übergangsprofil Kehle, Platte, Rundſtab, unter demſelben zurückſetzend die Aufſatzfläche mit 1,08 Durchmeſſer; die oberſte Trommel hat Anlauf, Plane, ſchräg unterſchnittenen Viertelskreis an Stelle des Rundſtabes, darüber die Aufſatzfläche für das Kapitell. Vergl. das Detail auf Taf. X und XI. Vierundzwanzig unterſchnittene Kanneluren von 11½ cm Durchmeſſer, an der unterſten Trommel gemeſſen, ſchneiden in den Schaft ein. Die Stegbreite beträgt 2½ cm. Die oberſte Trommel weiſt Kanneluren mit 10 cm breitem Durchmeſſer auf, der Steg iſt 2 cm breit. Die Schwellung ergiebt ſich aus den Durchmeſſern der verſchiedenen Trommeln.

Auch von den Kapitellen läſst ſich ſagen, daſs ihre Abmeſſungen und ihre Ausführung ſehr ungleich ſind. Ganz erhalten iſt keines; Abakus, Voluten und Blattſpitzen ſind bei den vorgefundenen überall abgeſchlagen, die Zerſtörung iſt oft eine ſo gründliche geweſen, daſs nur der Kelch, Blattreſte und Abakusanſätze kennbar waren.

Gefunden wurden in verſchiedenem Erhaltungszuſtande:

auf der Weſtſeite	1	Kapitell	1,235	hoch,	Durchmeſſer	0,91
	1	»	1,23	»	»	0,91
	1	»	1,27	»	»	0,91
	1	»	1,28	»	zertrümmert	
	1	»	1,252	»	»	
auf der Nordſeite	1	»	1,282	»	»	
	1	»	1,27	»	Durchmeſſer 0,92 (Taf. XII)	
	1	»	1,23	»	»	0,935
auf der Oſtſeite	1	»	1,21	»	»	0,91
	4	zertrümmerte mit unbeſtimmbaren Abmeſſungen,				
auf der Südſeite	1	Mittelſtück,				
	1	zertrümmertes in den Gewölben.				

Das beſſerhaltene Exemplar, welches auſserdem auch die Durchſchnittsmaſse 0,92 Durchmeſſer und 1,27 Höhe zeigt, iſt, wie auf Taf. XII abgebildet, ſo auch der Rekonſtruktion auf Taf. XI zu Grunde gelegt. Es befindet ſich in den Berliner Muſeen.

Das Kapitell ſetzte mit einer um 2 cm vom oberen Durchmeſſer zurückſpringenden, 1 cm hohen Fläche auf die obere Säulentrommel auf. Die acht unteren Blätter ſteigen in einer Wellenlinie in die Höhe und haben breiten Blattüberfall, während die dazwiſchenliegenden, auf einer Platte aufſetzenden acht oberen Blätter eine ſtraffe Bewegung und geringen Blattüberfall zeigen. Hinter den Blättern der erſten Reihe, zwiſchen denen der zweiten, entwickeln ſich die Kelche, aus welchen die Voluten emporwachſen. Dieſe rollen ſich in ihren Spitzen auf, die groſsen tragen, zu zweien ſich vereinend und von Kelchblättern unterſtützt, die Abakusecken. Über je zwei kleinen Voluten ſitzt auf dem Abakus eine roſettenartige Blume. Endlich finden wir noch vier Blätter einer dritten

Reihe, welche hinter den mittleren Blättern der zweiten Reihe aufschiefsen, bis zu den kleinen Voluten reichen und den Zweck haben, die leere Stelle zwischen den Volutenkelchen zu füllen.

Das Kapitell zeigt ein bestimmtes Verhältnis zum unteren Säulendurchmesser, indem die Höhe desselben von Unterkante bis Unterkante Abakus gemessen dem unteren Saulendurchmesser gleich ist. Kapitellhöhe 1,27 — Abakushöhe 0,19 = unterer Durchmesser 1,08. In seiner einfachen und klaren Entwickelung ist das Kapitell ein vorzügliches Beispiel griechisch-römischer Bauweise.

Der Architrav. Von den Architraven find nur wenige Stücke erhalten, die wohl über die Profilierung, nicht aber über die Längen Aufschlufs geben. Für die Achsenbestimmungen bleibt daher nur der Weg der Kombination übrig. Gefunden wurde an der Nordostecke das halbe linke 1,47 lange Architravstück, das aufserdem gespalten war, ferner auf der vorderen Schlufsmauer der Tempelgewölbe ein linkes 0,58 langes Stück, welches infofern bemerkenswert ist, als es auf der Vorderseite fünf Dübellöcher aufweist, welche zum Einsetzen von Bronzebuchstaben dienten und damit das einstige Vorhandenfein einer Inschrift auf dem Architrav der Vorderfront beweisen. Dargestellt ist dieses kleine Stück auf Taf. X. Aufserdem fand sich ein kleines, in Profilierung und Verzierung vortrefilich erhaltenes Eckstück.

Der Architrav, in der Ansicht, im halben Schnitt und in der halben Unteransicht auf Taf. X wiederhergestellt gegeben, besteht aus zwei durch ein kleines Profil verbundenen Bandstreifen und schliefst mit einem reich verzierten Profile ab, welches sich aus Perlstab, Eierstab, palmettenverzierter Kehle und Platte zusammensetzt.

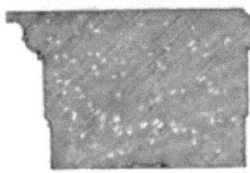

Nach nebenstehendem Querschnitt des auf der Nordostecke gefundenen Stücks hatte der Architrav auf der Rückseite ebenfalls zwei Bandstreifen und Oberglieder, welche aber bis auf einen Rundstab und Kehle vernichtet sind. Die Unteransicht ist durch ein schmales, vertieftes Band mit Schuppenreihen verziert. Aufser einem Dübelloch findet sich eine Versatzmarke, der Buchstabe θ, vor. Die obere Fläche zeigt ein Scherloch, das Klammerloch für die Längsverbindung, Dübellöcher für die Befestigung der Friesblöcke und eine ausgearbeitete Stelle zur Aufnahme der Friesplatte.

Der Fries. Bei den Fundaufnahmen fielen besonders reich verzierte Blöcke und Platten mit Medusenköpfen zwischen Konsolen auf. Die Vergleichung der Konsolenabstände mit den Abständen der Balkenköpfe des Hauptgesimses ergab eine Übereinstimmung der Achsenweiten beider Teile, wodurch die Zusammengehörigkeit nachgewiesen war.

Der Fries setzt sich aus Blöcken, welche an den Ecken und über den Säulen safsen, und aus Zwischenplatten, welche in die Blöcke eingehängt waren, zufammen. Auf S. 21 oben find zwei zusammengehörige Stücke mit nur andeutungsweife dargeftellten Konfolen und Köpfen in Auffcht, Vorderanficht und Schnitt gegeben. Aus der Wiederherftellung auf Taf. X und der Photographie auf Taf. XII ift die volle Ausführung diefes befonders reichen und intereffanten Gliedes der Tempel-

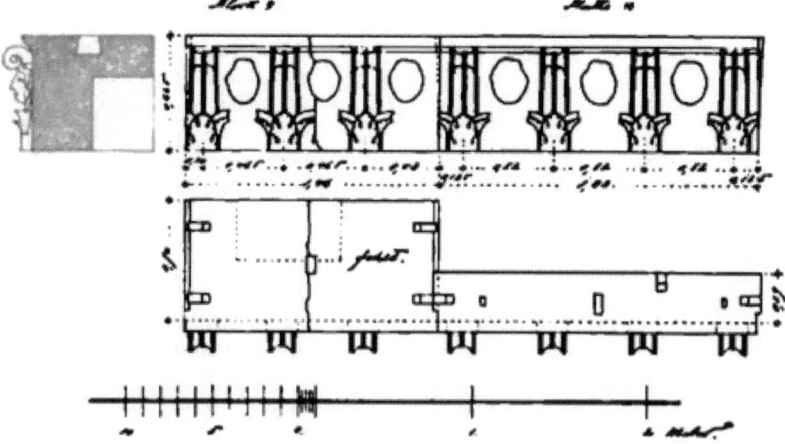

architektur erfichtlich. Zwifchen Konfolen, welche aus Blättern mit feitlich ausbiegenden und fich aufrollenden Ranken aufwachfen, fitzen geflügelte, kräftig behandelte Medufenköpfe. Die Konfolen löfen fich in Voluten auf, hinter welchen zwei kleinere Blätter, fcheinbar die Balkenköpfe ftützend, auftreben. Nach oben fchlieſst ein durchlaufender Fierftab den Fries ab.

Der Fries ift 0,665 hoch. Die Achfen der Konfolen wechfeln und betragen bei den Friesblöcken 0,465 bis 0,47, bei den Zwifchenplatten 0,465 — 0,52. Die Blöcke find durchfchnittlich 0,70 tief, haben Balkenlöcher

von verfchiedenen Abmeffungen (bei dem in oben ftehender Abbildung dargeftellten Block beträgt die Breite des Balkenlochs 0,56, die Tiefe 0,33, die Höhe 0,435) und zeigen auf der Oberfläche Scher- und Klammerlöcher. Aus demfelben Beifpiel ift ferner erfichtlich, daſs auf der Oberfläche des Blocks aufser den zur Verbindung

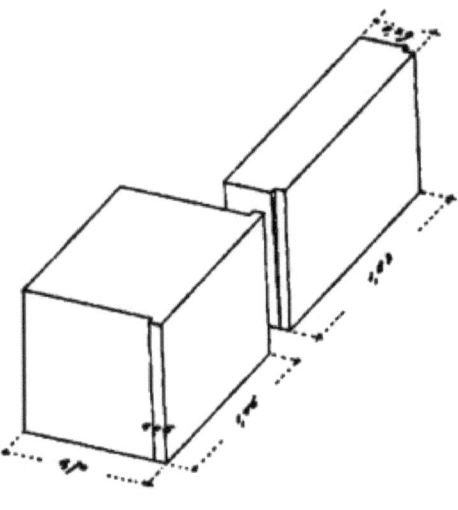

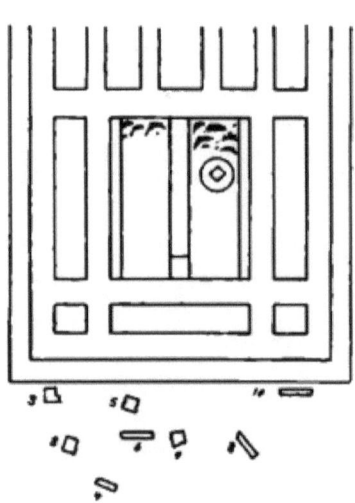

mit den Zwischenplatten dienenden nach rückwärts Klammerlöcher sich befinden, welche den Schluß ergaben, daß parallel zu den verzierten Zwischenplatten Hinterplatten eingefügt waren, welche mit zur Aufnahme des tief eingreifenden Hauptgesimses dienten. Bestätigt wird diese Annahme durch das Vorhandensein von hinteren Klammerlöchern auf den Zwischenplatten. Diese Zwischenplatten haben eine Tiefe von 28—36 cm.

Die eigenartige Ecklösung zeigt uns die auf S. 21 unten gegebene Darstellung des Nordostblocks. Leider ist das Oberteil des auf der Ecke sitzenden Tiers nicht erhalten; auf dem Nordwestblock konnte aber der Ansatz des Kopfes mit den Ohren konstatiert werden. Beide Eckblöcke fanden sich stark zertrümmert vor; sie sind von quadratischer Grundform, der nordöstliche 0,862 zu 0,865, der nordwestliche 0,88 zu 0,885, zeigen aber keine Balkenlöcher.

Die Zusammenfügung der Blöcke und Zwischenplatten hat in einer Weise stattgefunden, welche die Anwendung des Prinzips des scheitrechten Bogens mit einer Verdeckung der schrägen Fugen durch senkrechten Fugenschnitt verbindet. Während die Blöcke mit ihren Seitenflächen sich nach oben verjüngen, die Zwischenplatten dementsprechend nach oben sich verbreitern, stellt sich, durch An- und Ausarbeiten senkrechter Stege von etwa 6 cm Breite am äußeren Rande, für die Aufsenansicht anstatt der schrägen eine senkrecht verlaufende Fuge dar, wie es die obere Abbildung auf dieser Seite schematisch verdeutlicht.

Wir werden diefem technifch vorzüglichen Verfahren noch an anderen Stellen des Haues begegnen und finden, wie durch den Steinfchnitt die gefamte Laft auf die Säulen übertragen wurde.

Von Einzelflücken des Friefes hat fich auf der Südfeite nichts gefunden, dagegen bot die Nordfeite befonders reiche Ausbeute. Die Skizze auf S. 22 unten weift die Falllage

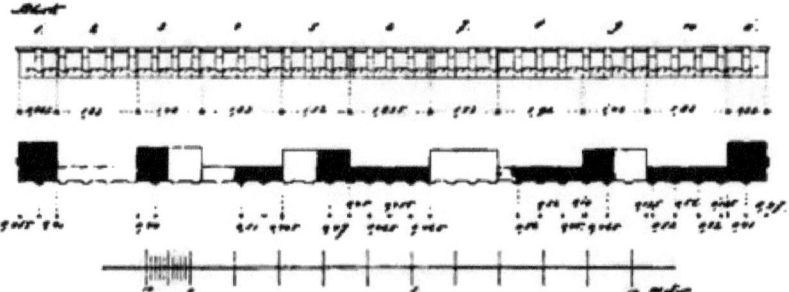

der einzelnen Blöcke und Platten nach. Durch ihre Zufammenftellung und Ergänzung ift es möglich gewefen, den Fries der Nordfront in vorftehender Zeichnung zu rekonftruieren, wobei die gefundenen Teile fchwarz, die fehlenden ergänzten weiß dargeftellt find.

1. Nordoftblock, zeigt aufeinander von links nach rechts folgend Medufe, Konfole, Medufe. Länge 0,865
2. Zwifchenplatte, fehlt. Da 1 mit Medufe fchließt und 3 mit Medufe beginnt, wird 2 wie 10 vier Konfolen und zwifchen ihnen drei Medufen gezeigt haben und von gleicher Länge gewefen fein . . . 1,83
3. Block, zur Hälfte und im Unter- und Oberftück zerbrochen erhalten, zeigt aufeinander folgend Medufe, Konfole, Medufe und wird des Anfchluffes an 4 wegen mit einer Konfole gefchloffen haben. Berechnete Länge 1,46
4. Zwifchenplatte, die rechte erhaltene Hälfte zeigt aufeinander folgend Konfole, Medufe, Konfole, Medufe. Das am Bruche über der erften Konfole auf der Oberfläche befindliche Scherloch bezeichnet die Mitte der ganzen Platte, diefe wird alfo mit einer Medufe begonnen haben. Berechnete Länge 1,83
5. Block, die rechte erhaltene Hälfte fängt links mit Medufe an, es folgen Konfole, Medufe, halbe Konfole. Das Scherloch obenauf hart am Bruche giebt wiederum etwa die Mitte des ganzen Blocks an, der alfo links mit Konfole begann, worauf Medufe und Konfole folgten. Berechnete Länge 1,52

7,505

		Übertrag	7,505

6. **Zwischenplatte**, ganz erhalten, zeigt an jedem Ende eine halbe Konsole, dazwischen vier Medusen und drei Konsolen. Länge 1,835
7. **Block**, fehlt. Da 6 mit halber Konsole schliefst, muss 7 ebenso begonnen und, wie sich aus der Vergleichung von 5 ergiebt, mit ganzer Konsole geschlossen haben. Angenommene Länge 1,53
8. **Zwischenplatte**, links abgeschlagen, zeigt am Bruche eine halbe Konsole, dann Medufe, Konsole, Medufe, Konsole, Medufe und ist unter Berücksichtigung des Scherlochs links noch mit einer Medufe zu ergänzen. Berechnete Länge 1,92
9. **Block**, linke Hälfte erhalten, die aufeinander folgend Konsole, Medufe, Konsole zeigt; rechts davon am Bruche befindet sich die Spur des Scherlochs, also war hier etwa die Mitte des ganzen Blocks. Dieser wird mit einer auf Medufe und Konsole folgenden Medufe geschlossen haben. Berechnete Länge 1,46
10. **Zwischenplatte**, ganz erhalten, zeigt vier Konsolen und drei Medusen. Scherloch obenauf in der Mitte. Länge 1,83
11. **Nordweftblock**, ganz erhalten, zeigt aufeinander folgend Medufe, Konsole, Medufe. Länge 0,88

Gefamtlänge 16,96

Zur Begründung vorstehender Maße folgen die Einzelmaße der Konsolachsen und des Abstandes der Konsolmitten von den Kanten der Werkstücke:

1. Eckblock, vorhanden 0,455 + 0,41 = ... 0,865
2. Zwischenplatte, angenommen, wie bei 10, 0,135 + 0,52 + 0,52 + 0,135 = . 1,83
3. Block, vorhanden 0,40 + angenommen 0,465 + 0,465 + 0,13 = ... 1,46
4. Zwischenplatte, angenommen 0,405 + 0,51 + vorhanden 0,51 + 0,405 = ... 1,83
5. Block, angenommen 0,12 + 0,465 + 0,465 + vorhanden 0,47 = .. 1,52
6. Zwischenplatte, vorhanden 0,15 + 0,465 + 0,465 + 0,465 = ... 1,835
7. Block, angenommen 0,47 + 0,465 + 0,465 + 0,13 = ... 1,53
8. Zwischenplatte, angenommen 0,43 + vorhanden 0,52 + 0,52 + 0,45 = ... 1,92
9. Block, vorhanden 0,40 + 0,465 + angenommen 0,465 + 0,43 = ... 1,46
10. Zwischenplatte, vorhanden 0,135 + 0,52 + 0,52 + 0,52 + 0,135 = . 1,83
11. Block, vorhanden 0,41 + 0,47 = ... 0,88

Zufammen 16,96

Man bemerkt, daſs die Blöcke 3 und 5 den Blöcken 9 und 7, die Zwiſchenplatten 2 und 4 den Zwiſchenplatten 10 und 8 in umgekehrter Ausführung entſprechen.

Es lag nahe, aus der Anordnung der Blöcke und Konſolen Schlüſſe auf die Achſenweiten der Säulen zu ziehen. Bei den ungleichen Maſsen der Konſolachſen, beſonders auffällig bei 6 und 8, erwies ſich aber eine ſolche Ermittelung als unmöglich, und es muſs angenommen werden, daſs die Eintheilung der Konſolen unabhängig von den Säulenachſen erfolgte.

Die auf der Rückſeite der Friesblöcke vorhandenen Balkenlöcher, welche durchſchnitlich 40 cm breit, 40 cm hoch und etwa 35 cm tief ſind, weiſen auf eine Holzüberdeckung des Umganges hin. Die Balken ruhten auf dem Architrave, deſſen auf S. 20 nachgewieſenes rückſeitiges oberes Profil die Innenarchitektur des Säulenumganges abſchloſs.

Friesblöcke und Zwiſchenplatten fanden ſich auch auf der Oſt- und Weſtſeite, teils ganz erhalten, teils zertrümmert vor.

Die Funde der Oſtſeite ſind:

1. Zwei ganz erhaltene Blöcke von je 1,185 und 1,205 Länge mit 2 Meduſen und 3 Konſolen.

2. Die rechte Hälfte eines Blocks, welche links mit einer Konſole beginnt, darauf folgend Meduſe, Konſole, Meduſe, über der Mitte der letzteren das Scherloch zeigt. Hieraus ergiebt ſich, daſs dieſer Block eine gröſsere Länge als die unter 1 erwähnten haben muſste.

3. Ein linksſeitiges Zwiſchenplattenfragment, welches Konſole, Meduſe, Konſole, Meduſe, Konſole und über der letzteren das Scherloch aufweiſt.

4. Ein linksſeitiges Plattenfragment mit Meduſe, Konſole, Meduſe, Konſole; rechts von letzterer das Scherloch.

Auf der Weſtſeite wurden nur drei zerſchlagene Blöcke gefunden.

1. Ein linksſeitiges Stück mit Konſole, Meduſe, Konſole; über letzterer das Scherloch.

2. Ein rechtsſeitiges Unterſtück mit Konſole, Meduſe, Konſole.

3. Ein rechtsſeitiges Stück mit Meduſe und Konſole.

Bei der geringen Zahl der Funde auf dieſen beiden Seiten und bei der Verſchiedenheit der Friesblöcke und Zwiſchenplatten iſt eine Rekonſtruktion nicht möglich geweſen. Die Annahme erſcheint gerechtfertigt, daſs auch die Frieſe der Oſt- und Weſtfront eine von den Säulenachſen unabhängige Eintheilung hatten.

Die meiſten und beſſerhaltenen Hauptgeſimsplatten haben ſich ebenfalls auf der Nordſeite vorgefunden. Wichtig für die Rekonſtruktion war es, daſs die groſsen Geſimsblöcke der Nordoſt- und Nordweſtecke, wenn auch zertrümmert, erhalten ſind. Auſser dieſen Eckblöcken mit angearbeiteter Sima und Akroterienſockeln haben ſich tief ein-

Das Hauptgeſims.

greifende Hängeplatten und den Langseiten angehörige Simablöcke, welche zur Dachkonstruktion überleiten, gefunden. Auf Taf. X dargestellt, zeigt das Hauptgesims die weit ausladende und kräftig unterschnittene Hängeplatte, darunter eine zweite von einem Eierstab abgeschlossene Platte, welche von Balkenköpfen getragen wird. Die Balkenköpfe be-

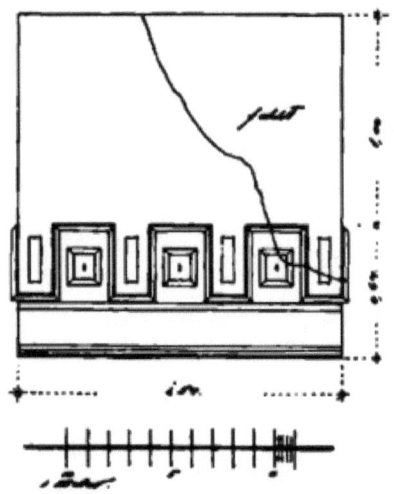

stehen aus zwei Bändern und schließen mit Eierstäben, welche sich auf dem Grunde fortsetzen. Zwischen den Balkenköpfen befindet sich in der kleinen Platte jedesmal eine Kassette mit Rosettenverzierung. Diese Rosetten sind zwar nicht mehr vorhanden, doch weisen Dübellöcher und noch vorhandene eiserne Dübel auf eine eingehängte Verzierung hin. Aus nebenstehender Zeichnung einer vorhandenen Platte ist ersichtlich, wie deren Unteransicht beschaffen ist, wie tief die Platte einbindet und wie der Eierstab der äußeren Balkenköpfe an den Fugenflächen ausgeführt ist.

Ein Simablock der Langseite, auf Taf. XIII dargestellt, zeigt die Rinne, die Dachneigung in den zwei Stufen, welche seitlich und hinten mit aufgebogenen Rändern abschließen, in der Mitte die abgeschrägten Platten, auf welche sich die Deckziegel legten. Auf Taf. X ist die Verzierung der Sima der Langseiten mit Löwenköpfen und Rankenwerk dargestellt.

Von den Eckblöcken ist der besterhaltene der nordöstliche, insofern Länge, Breite und das aufsteigende Giebelgesims erkennbar vorhanden sind. Bei der Wucht, mit welcher diese großen Blöcke niederfielen, ist es erklärlich, daß die unteren Teile der Konsolen und die vorspringenden Teile wie Sima und Platte am meisten zerstört wurden. In der Zeichnung auf S. 27 rechts ist die Seitenansicht, die Aufsicht und die Unteransicht des Nordostblockes gegeben. Die Unteransicht weist auf der Nord- und auf der Ostseite je drei Konsolen und fünf Kassetten auf. Die Aufsicht läßt den Sockel für das Eckakroterion mit den Scher- und Dübellöchern, sowie eine abgeflachte Stelle mit einem Dübelloche auf der Sima der Langseite erkennen. Diese abgeflachte Stelle weist auf den Aufsatz krönender Palmetten hin, von denen jedoch sicher zugehörige Überreste nicht gefunden sind; indessen könnte das auf Taf. XXIII als zu den Hallen gehörig ergänzt abgebildete Exemplar auch hierher gehören. Die Seitenansicht des Eckblocks zeigt die Ausarbeitung bei a für den Anschluß der aufsteigenden Giebelgesimsplatte, bei b für die aufsteigende Sima, ferner die Höhen des Akroteriensockels. Auf Taf. XIII (Hauptgesimsecke) findet sich die Vorderansicht mit der aufsteigenden

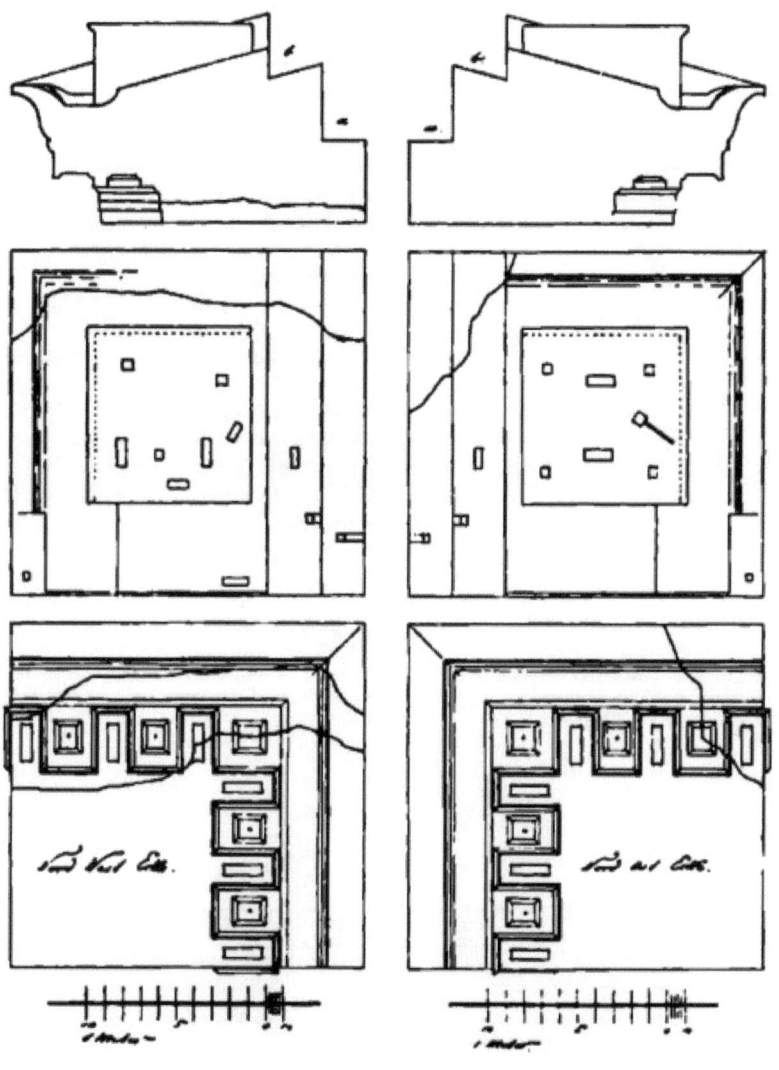

Sima und deren Verzierung, welche wesentlich von der Verzierung der Langseiten-Sima abweicht¹).

Der Nordwestblock, auf S. 27 links ebenfalls abgebildet, hat fast gleiche Abmessungen wie der Nordostblock. Seine Giebelseite ist zerstört, die Seitenansicht und der Akroterionsockel find erhalten.

Beide Eckblöcke zeigen bei den Anschlüssen an die Simablöcke der Ost- und Westseite die ansteigenden aufgebogenen Ränder, über welche sich die Decksteine legten.

Von Hauptgesimsplatten und Simablöcken sind gefunden:

Auf der Nordseite: 1 Platte mit abgeschlagenen Ecken, 1,55 lang, mit drei Konsolen und drei Kassetten, mit Achsen der Konsolen von durchschnittlich 0,515 Länge.

1 Platte, auf der Rückseite abgeschlagen, 1,54 lang, mit vier Konsolen und drei Kassetten. Achsen = 0,416.

1 Platte, 1,555 lang, mit drei Konsolen und drei Kassetten. Achsen = 0,52.

auf der Ostseite: 1 Platte, vorn abgebrochen, 1,40 lang, mit drei zertrümmerten Konsolen und drei Kassetten. Achsen = 0,476.

1 Fragment einer Platte mit zwei Konsolen. Achse = 0,47.

1 Simablock auf Taf. XIII dargestellt, 1,41 lang, 1,65 tief, mit zerschlagener Sima.

1 Simablock, zerschlagen, etwa 1,30 lang.

auf der Westseite: 1 Fragment einer Platte. Achse der Konsolen = 0,46.

1 Fragment einer Platte, etwa 1,10 lang, mit zwei zerschlagenen Konsolen. Achse = 0,475.

¹) Ein Versehen in Zeichnung der Vorderansicht auf Tafel XIII (Hauptgesimsecke) wird der kundige Leser durch Vergleich mit dem auf derselben Tafel nebenstehenden Schnitte und durch beistehende Abbildung leicht berichtigen.

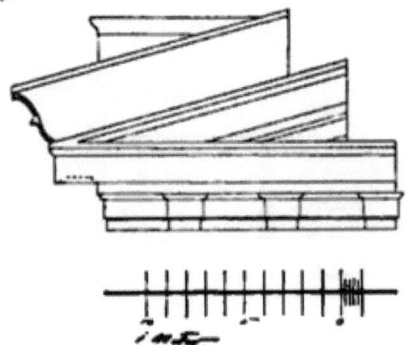

auf der Westseite: 1 Platte, etwa 1,30 lang, mit drei Konsolen, drei Kassetten, abgeschlagen. Achse = 0,476.
1 Fragment einer Platte, 0,90 lang.

Quadern verschiedener Form von den die Cella und den Pronaos einschließenden Wänden fanden sich zahlreich vor, zunächst die einfachen Wandquadern und zwar in folgenden Exemplaren: **Die Wände.**

1 abgebrochenes	1,30 lang,	0,58 hoch,	0,45 tief.
1 "	1,23 "	0,58 "	0,60 "
1 "	1,10 "	0,58 "	0,42 "
1 "	0,60 "	0,58 "	0,50 "
1 ganz erhaltenes	1,30 "	0,58 "	0,60 "
1 abgebrochenes	0,885 "	0,585 "	0,42 "
1 "	1,03 "	0,585 "	0,40 "
1 ganz erhaltenes	1,30 "	0,58 "	0,60 "
1 " "	1,30 "	0,59 "	0,40 "
1 " "	1,30 "	0,58 "	0,42 "
1 " "	1,305 "	0,58 "	0,42 "
1 " "	1,30 "	0,58 "	0,40 "
1 " "	1,30 "	0,58 "	0,42 "
1 " "	1,30 "	0,58 "	0,42 "
1 abgebrochenes	0,63 "	0,58 "	0,31 "
1 ganz erhaltenes	1,29 "	0,59 "	0,55 "
1 " "	1,325 "	0,58 "	0,37 "
1 " "	1,245 "	0,59 "	0,47 "
1 abgebrochenes	0,54 "	0,58 "	0,46 "
1 "	1,00 "	0,58 "	0,42 "
1 ganz erhaltenes	1,335 "	0,58 "	0,41 "
1 " "	1,31 "	0,58 "	0,40 "
1 " "	1,31 "	0,59 "	0,35 "
1 " "	1,305 "	0,59 "	0,40 "
1 " "	1,30 "	0,59 "	0,54 "
1 " "	1,315 "	0,59 "	0,54 "
1 " "	1,31 "	0,58 "	0,40 "
1 " "	1,315 "	0,58 "	0,34 "
1 " "	1,31 "	0,58 "	0,40 "
1 " "	1,31 "	0,58 "	0,41 "
1 " "	1,30 "	0,58 "	0,40 "
1 " "	1,30 "	0,58 "	0,37 "
1 " "	1,31 "	0,59 "	0,32 "

1 ganz erhaltenes 0,61 lang, 0,38 hoch, 0,50 tief
1   "   " 0,605 " 0,39 " 0,50 "
1   "   " 0,38   " 0,39 " 0,50 "

Von Halsstücken, welche die Wand abschlossen, sind erhalten:
1 Stück   1,25 lang, 0,375 hoch, 0,61 tief
1 Fragment   0,37   "   0,60 "
1 Stück   1,31 "   0,37   "   0,33 "
1 Fragment   0,75 "   0,37   "   0,60 "
1   "   1,10 "   0,37   "   fehlt.

Außer den einfachen Wandquadern sind in größerer Zahl aber auch Quadern gefunden, welche zu Anten gehören, und zwar in folgenden Exemplaren:

1 Antenstück mit angearbeiteter Wandquader. Links Wandquader 0,68 breit, rechts Antenquader 0,49 breit, Tiefe 0,50, Höhe 0,505.

1 halbes Antenstück mit angearbeiteter, aber abgeschlagener Wandquader. Links halbe Antenquader 0,52 breit, rechts Wandquaderfragment 0,39 breit, Höhe 0,58.

1 halbes Antenstück mit angearbeiteter, aber abgeschlagener Wandquader. Links Wandquaderfragment 0,44 breit, rechts halbe Antenquader 0,515 breit, Höhe 0,585.

1 Antenquader 1,06 lang, 0,53 tief, 0,59 hoch.

1 Antenquader 1,015 lang, 0,51 tief, 0,59 hoch.

1 halbes abgeschlagenes Antenstück mit angearbeiteter Wandquader. Links abgeschlagenes Antenstück 0,22 breit, rechts Wandquader 0,515 breit, Höhe 0,59.

1 Antenquader mit angearbeiteter, aber abgebrochener Wandquader. Links abgeschlagene Wandquader 0,12 breit, rechts Antenquader 1,015 breit, Tiefe abgebrochen, Höhe 0,59.

1 halbes Antenstück mit angearbeiteter Wandquader. Links halbe Antenquader 0,52 breit, rechts Wandquader 0,53 breit, Höhe 0,59.

1 Antenquader 1,02 lang, 0,51 tief, 0,58 hoch.

1 Antenquader 1,01 lang, 0,505 tief, 0,59 hoch.

Die Zusammenstellung zeigt, daß die Breitenmaße der Antenquadern den Säulendurchmessern entsprechen, so daß die Annahme einer Schwellung der Anten zulässig erscheint.

Es haben sich teils Einzel-Antenquadern, teils halbe Antenstücke mit angearbeiteten Wandquadern vorgefunden. Die Darstellung auf Taf. XIII giebt als erste Schicht eine Quader von 1,06 + 0,68 Länge. Der erste Teil erweist sich als Antenquader, da er glatt geschliffen ist, der zweite Teil als Wandquader, welcher um 3 cm hinter die Ante zurücktritt und einen vom Grund aus um 1½ cm vorspringenden Spiegel zeigt. Die Entfernung des Spiegels von der Ante beträgt 4 cm, von den Fugen aus je 2 cm.

Der Spiegel zeigt einen 1½ cm breiten Randbefchlag, die Fläche ift gefchliffen. In diefer Schicht bildet den Anfchlufs ein anderer Block, welcher aus einer halben Antenquader von 53 cm Länge und aus einem Wandquader von 68 cm Länge befteht. In der zweiten Schicht ift ein Antenblock von 1,06 Länge und 0,53 Breite mit der entfprechenden Anten- und Wandquader dargeftellt. Die Höhe der Schichten wechfelt zwifchen 58 und 59 cm.

Als zugehörig zu den Anten erwiefen fich zwei Kapitelle, der Nordoft- und der Südweftecke, beide fehr zerftört. Das befterhaltene zeigt in beiftehender Skizze die Anordnung der Blattreihen, die Entwickelung der Kelche und Voluten. Die Höhe ftimmt mit der der Säulenkapitelle überein. Nach der Wand zu legen fich Blätter und Voluten gegen eine angearbeitete Fläche. Die Ausführung ift ziemlich roh. Unter dem Kapitell fchliefst eine nur 37 cm hohe Quader als Hals die Ante ab. Das Abfchlufsglied, in verfchiedenen Stücken erhalten, zeigt Kehle, Plättchen, Rundftab, darüber Auffatzplatte. Es fetzte fich an der Wand fort (Taf. XIII).

Für das Sockelgefims der Ante ergaben zwei kleine hier dargeftellte Fundftücke genügenden Auffchlufs. Das eine (a), im oberen Teil erhalten, zeigt einen Wulft mit Schuppenverzierung, ferner die Verkröpfung des Profiles, welches an der Wand unverziert fortlief. Das zweite (b), aus Wulft, vorfpringendem kleineren Gliede und kehlenartigem Ablauf beftehend,

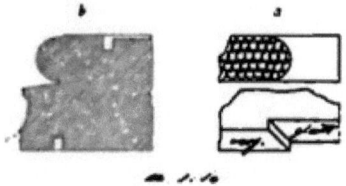

ift in der Höhe und in feinen Hauptteilen gut erhalten. Der Wulft ift hier mit einem Flechtbande verziert. Auf Taf. X ift eine Rekonftruktion diefer Antenbafis gegeben.

Es ist anzunehmen, daß die Verkleidung der Wände über dem Fußgesimse mit einer Sockelplatte begann, auf welcher die durchschnittlich 50 cm hohen Quadern aufsetzten. Den Abschluß bildete das vorerwähnte, 37 cm hohe Band mit den darüber anzunehmenden Platten, welche der Kapitellhöhe entsprachen; von diesen Platten und etwaigen Wandarchitraven ist aber nichts erhalten. Sämtliche Wandquadern zeigen an den Lager- und Stoßfugen einen 2 cm breiten und 1½ cm tiefen Rand, so daß die Fugenteilungen klar ausgesprochen waren. Die meisten gefundenen Quadern sind durchschnittlich 1,31 lang, daneben kommen kleinere Würfel von 36, 38 und 60 cm Breite vor. Einen Versuch, die Quadern der Tempelrückwand in Zusammenhang zu bringen,

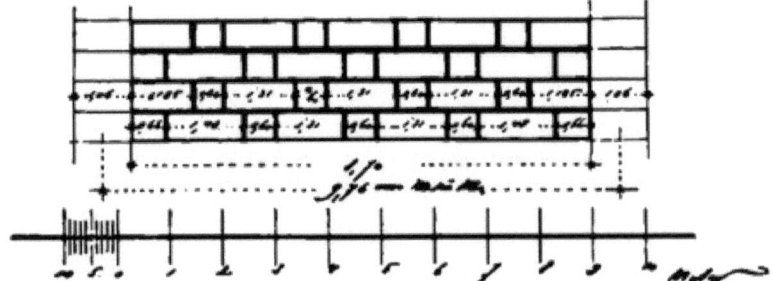

giebt die nebenstehende Zeichnung, wobei ausgesprochen werden muß, daß für die 1,48 und 1,185 langen Quadern keine Beispiele vorhanden sind. Daß in derselben Schicht Läufer und Binder abwechseln, läßt sich durch die ähnliche Behandlung der Schichten bei den Stützmauern begründen. In der Rekonstruktion auf Taf. XVI ist diese Anordnung der Quadern übrigens nicht befolgt. Die Ableitung des Hauptmaßes von 0,76 m von Mitte zu Mitte der Ante wird später bei Feststellung der Säulenachsen nachgewiesen werden.

Auf Tafel XIII ist auch das Thürgewände dargestellt. Gefunden wurde eine Platte von 2,53 Länge, 0,78 Breite und 0,28 Tiefe, vorn mit einem einfachen Profil, auf der Rückseite mit Einsätzen und Dübellöchern, desgleichen eine abgebrochene, dazugehörige Platte mit demselben Profil und einer Rinne auf der Rückseite. Daß beide Platten senkrecht standen und als Thürgewände dienten, läßt sich aus den vertieften und rauh gespitzten Außenseiten nachweisen, an welche die Wandquadern anschlossen.

Der Giebel und das Dach.

Für die Giebel- und Dachkonstruktion ergaben sich genügende Anhaltspunkte in einzelnen Fundstücken. Zunächst gaben die Hauptgesims-Eckblöcke der Hinterfront die Giebelneigung und die Ansätze für die aufsteigenden Gesimsplatten. Es fanden sich ferner auf der Nordseite Gesimsstücke, aus Platte und senkrechten Balkenköpfen bestehend, außerdem flache Simastücke, welche den Giebel abdeckten, sowie endlich Blöcke und Zwischenplatten des Giebelfeldes. Aus letzteren ließ sich die Konstruktion des Giebelfeldes auf Taf. XIII herstellen. Die Zusammenstellung der gefundenen Blöcke und Zwischenplatten ergab auch, so weit sie unvollständig waren, ihre Ergänzung. Ihre Zusammenfügung ist nach demselben Konstruktionsprinzip erfolgt, wie wir es bei den Friesplatten (S. 22) nachgewiesen haben. Um dieses deutlich zu machen, sind die Stücke A und B auf Taf. XIII jedes einzeln in perspektivischer Ansicht dargestellt. Gut erhalten wurden die Giebelstücke ABC, zertrümmert die Stücke DEF gefunden. Während bei A auf der senkrechten Fugenfläche eine keilförmige Platte angearbeitet ist, zeigt B die entsprechende Ausarbeitung für das Eingreifen dieser keilförmigen Platte. Auch hier bei dem Giebelfelde ist also in technisch vollendeter Weise durch die die Säulen belastenden Blöcke und die eingehängten Zwischenplatten eine Entlastung der Architrave erreicht. Der verzierte Stab war an die entsprechenden Blöcke und Platten angearbeitet.

Von aufsteigenden Giebelgesimsstücken sind erhalten:
    1 Stück 1,35 lang,
    1 Fragment 0,95 lang,
    1 Stück mit 4 Konsolen, zerschlagener Platte, 1,63 lang,
    2 unbedeutende Fragmente.

Die Abmessungen der Einzelformen sind die gleichen, wie bei den wagerechten Hauptgesimsplatten, die Fugen senkrecht durchgeführt.

An giebelabdeckenden Simastücken fanden sich vor:
    2 Platten, 1,56 lang, 1,68 tief, davon eine auf Taf. XIII dargestellt,
    1 Platte, 1,40 lang, 1,67 tief, ferner
    das mittlere Simastück mit dem Sockel für das Akroterion, linksseitig abgebrochen.

Der auf Taf. XIII gegebene Simablock des Giebels zeigt die verschiedenen Neigungen der Simaoberkante und der dahinterliegenden Flächen, das Aufklauen der einzelnen Platten und die abgeschrägten Aufsätze, auf welche sich die Decksteine legten.

Was die Dachkonstruktion betrifft, so haben Holzsparren, auf welchen starke Latten in der Richtung der Langsachse des Tempels ruhten, die marmornen Regen- und Decksteine getragen. Wie diese Dachsteine aufruhten, übergriffen und abgedeckt wurden, ist aus der Darstellung des Simablockes der Seitenwand auf Taf. XIII ersichtlich. Gefunden wurde ein Regen- und ein Deckstein. Der Regenstein ist in Unteransicht perspektivisch auf Taf. XIII unterhalb der beiden Simablöcke abgebildet.

Zu den interessantesten Funden gehören die Akroterienfragmente, welche so zahlreich waren, daß sie eine annähernd genaue Rekonstruktion ermöglichten. Wiesen schon die Sockelansätze auf den Hauptgesims-Eckblöcken, desgleichen der Sockel auf der Giebelsima auf Akroterien hin, so stellten die aufgefundenen großen Kelche und Ranken die krönenden Giebelabschlüsse in ihrer Form fest.

An seiner Fallstelle dicht hinter der Nordfront des Tempels lag das Mittelakroterion mit der bearbeiteten Seite auf dem Boden, seitlich davon fanden sich die Eckakroterien

Die Akroterien.

famt dem abgefprengten Eckblatt, welches eine Kugel mit einer geflügelten Nike darauf trug. Taf. XV giebt die Fundftücke in ihrer kraftvollen Behandlung wieder. Aus den Kelchen fteigen auf jeder Seite zwei kräftige, fich verfchlingende Ranken empor, die aus kleineren Kelchen je zwei nach oben und unten frei ausklingende Ranken abfondern und eine geflügelte Nike, welcher der Wind das Gewand bläht, einfchließen. Die Ranken find durchbrochen, heben fich frei gegen den Himmel ab und finden ihren Halt einzig in fich und an der Mittelfigur. Kelch, Figur und Ranken waren aus einem Stück gearbeitet. Bei den Abmeffungen des Mittelakroterion von 2,25 Höhe zu etwa 2 m Breite, wie die Rekonftruktion auf Taf. XIV fie zeigt, ift das Ganze ein technifches Meifterftück, wie es in gleicher Art in Fundftücken aus dem Altertume fonft kaum auf uns gekommen ift. Das Eckakroterion vom römifchen Umbau des ionifchen Tempels auf der Theaterterraffe, welches Band IV bringt, ift zwar noch beffer erhalten, aber feiner fpäteren Entftehungszeit entfprechend von weit geringerer Arbeit.

Zur Rekonftruktion. Aus der Anlage der Gewölbe unter dem Tempel und den aufgeführten Einzelheiten ergiebt fich die Rekonftruktion des Grundriffes (Taf. XXXI) und des Aufbaues (Taf. XVI) des Tempels. Bei Befprechung des Grundriffes des Oberbaus (Taf. IV) wurde bereits die Beftimmung der einzelnen Mauern und Räume nachgewiefen. Die Anlage von fünf Gewölben im Unterbau führt auf eine fechsfäulige Vorder- und Hinterfront, wodurch wiederum die neunfäulige Seitenfront beftimmt wird, und der rekonftruierte Grundriß ftellt fich nun dar als peripterale Anlage mit tiefer Vorhalle und Cella.

Durch den mächtigen Sockel unter dem Tempel ift die Anlage einer großen Freitreppe bedingt. Über die Höhe des Unterbaus ift bereits berichtet worden; die Zufammenftellung der Bafis, der Säulentrommeln und des Kapitells ergiebt die Säulenhöhe. Da die Zufammenftellung der Friesplatten keinen ficheren Anhalt für Beftimmung der Säulenachfen bot, mußten diefe aus den Gewölbe- und Mauerbreiten abgeleitet werden. Schon die breitere Anlage des mittleren Gewölbes ließ auf eine breitere Mittelachfe fchließen. Da das mittlere Gewölbe 2,43 breit ift, die feitlichen Mauern eine Stärke von 1,07 haben, fo ergiebt fich ein Maß von 3,50 von Mitte zu Mitte Mauer, welches als mittlere Säulenachfe feftzulegen ift. Der Fries ift in einer Gefamtlänge von 16,56 von Ecke zu Ecke nachgewiefen. Rechnen wir hiervon zwei halbe obere Säulendurchmeffer ab, fo ergiebt fich 16,02 von Mitte zu Mitte der Ecksäulen, ferner — die mittlere Achfe mit 3,50 abgerechnet — je 3,13 für die Seitenachfen. Die gleichen Achfen laffen fich für die Seitenfronten zu Grunde legen. Wir haben oben auf S. 32 das Maß von Mitte zur Mitte der Anten für die Rückfeite der Cella mit 9,76 m angefetzt. Diefes Maß ergiebt fich aus der Zufammenrechnung der Maße der mittleren Säulenachfe und zweier Seitenachfen (3,50 + 3,13 + 3,13 = 9,76).

Der Tempelhof. Der Hof um den Tempel war mit Trachytplatten von ungleichen Breiten belegt, welche, wie Taf. III zeigt, parallel zu den Hallen liefen. Erhalten zeigte fich der

Plattenbelag nur in den nördlichen Teilen. Er legt fich unter die Marmorftufen der Oft- und Wefthalle und weift Dübellöcher mit Gufsrinnen für die Dübel der Marmorftufen auf. Vergl. Taf. XVII und XVIII.

In grofsem Mafsftabe ift der Belag in den verfchiedenen Plattenabmeffungen auf Taf. XVII dargeftellt. Es ift wahrfcheinlich, dafs der Belag vor der Nordmauer aus der Königszeit ftammt, da er im Zufammenhang mit der halbrunden Exedra des Attalos ausgeführt werden mufste (vergl. S. 50). Das Fundament der Exedra befteht aus einer rd. 28 cm tiefen und rd. 48 cm breiten Steinfchicht, welche auf den Felfen auffetzte. Gegen diefe Schicht liefen fich die Platten, wo notwendig mit Zwickeleinfätzen, tot.

Zur Abführung des Regenwaffers fanden fich Rinnen im Plattenbelage vor. Eine muldenartige, 35 cm breite Rinne zeigte fich auf der Oftfeite des Tempels, während auf der Weftfeite die Rinne durch Tieferlegung einer 46 cm breiten Schicht gebildet wurde. Auch vor den Stufen der Wefthalle verläuft eine rinnenartige Vertiefung.

Es fand fich ferner, wie bereits auf S. 9 erwähnt, ein mit feiner Sohle 1,50 unter dem Plattenbelage liegender, gemauerter, 0,40 breiter Kanal vor, der, wahrfcheinlich mit Platten abgedeckt, fich quer durch das Fundamentmauerwerk der Wefthalle zog, dann nach Süden zu umbog und feine Fortfetzung im Gewölbe fand. Er wird als Abflufskanal aufzufaffen fein.

Aufser der bereits erwähnten Cifterne in den Gewölben unter der Cella wurde innerhalb des Tempelbezirks noch eine mit 5,60 m Tiefe gemeffene, aus dem Felfen ausgehauene Cifterne in der Nordecke der Wefthalle aufgedeckt.

Die Hallen.

Die Unterbauten.

Unterbau der Kopfbauten der Welthalle.

Als die Erweiterung des Tempelbezirks durch Anlage der Hallen beschlossen war, mußte die große Stützmauer nach Osten und Westen zu verlängert und es mußten Unterbauten für die Hallenkopfbauten geschaffen werden.

Von der Verlängerung der Stützmauer im Westen, ersichtlich auf Taf. I und XX, ist nur ein Teil erhalten; das Hauptstück, welches sich an die Westecke der großen Stützmauer anlehnte, ist vollständig eingestürzt und durch eine eingeflickte Notmauer, in welche sich Quadern und Architekturteile des Tempels und der Hallen verbaut finden, ersetzt worden. Ein so großer Durchbruch ist nur daraus zu erklären, daß die westliche Verlängerungsmauer geringere Stärke als die Hauptstützmauer hatte (Taf. III), daß sie, wie nachgewiesen, außer Verband mit der Hauptmauer stand und daß hinter der Mauer Hohlräume von großen Breitenabmessungen vorhanden waren.

Für die spätere Ausführung dieser westlichen Verlängerung der großen Stützmauer werden noch folgende Angaben beweisend sein:

Die Messungen mit dem Kompaß ergaben eine abweichende Richtung beider Mauern; die Hauptmauer zeigt eine Richtung von 303° gegen die Nordlinie, die westliche Fortsetzung dagegen 298° (Taf. III).

Während der untere Absatz der Hauptmauer aus unregelmäßigen Schichten besteht, ist die westliche Fortsetzung aus regelmäßigen Schichten aufgeführt, welche abwechselnd die bereits bei den Tempeluntermauern durchgeführten Maße 33 und 53, auch 37 und 51 cm zeigen. Eine Vergleichung beider Mauern auf Taf. XX ergiebt auch sonst ihre verschiedenartige Behandlung. Die Quadern der westlichen Fortsetzung sind teilweise glatt, teilweise mit Randbeschlag und Bossen versehen, welche im Gegensatz zu der Quaderbehandlung der Hauptmauer sehr regelmäßig durchgeführt sind. Der Wulst wurde fortgesetzt und die Wulstecke der großen Stützmauer des Anschlusses wegen abgearbeitet. Das aufgehende Mauerwerk des zweiten Absatzes setzt, wie an der Hauptmauer, um 27 cm zurück; seitlich geht es in einer Flucht mit dem unteren Mauerwerk in die Höhe. Von einem obersten, dem dritten der Hauptmauer entsprechenden Absatze ist nichts mehr vorhanden.

Die Ausgrabung der hinter der westlichen Mauerfortsetzung gelegenen Räume ergab, dafs die kurze schräge Mauer (Taf. III und XVIII) mit vier Schichten über dem Wulst abgebrochen und aus dem gewonnenen Material im rechten Winkel mit der Gewölbestützmauer wieder aufgeführt war. Die Anlage einer Thür, desgleichen zwei vorhandene Treppenstufen, weisen auf Benutzung der Räume hin. Als weiterer Beweis hierfür kommt hinzu, dafs sich in den Ecken des kleinen und an den Wänden des gröfseren Raums 5 cm starker, glatter, sehr guter Mauerputz mit Resten von Bemalung vorfand. Beide Räume sind demnach wohl als Wohnräume anzunehmen, die von der Westhalle aus durch eine Treppenanlage zugänglich gewesen sein werden. Hierfür spricht auch die Thüröffnung in der hinter diesen Räumen gelegenen zweiten Zwischenmauer. Der Fufsboden dieser Räume liegt in der Höhe des Mauerwulstes, und es zeigte sich bei der Ausgrabung, dafs der Raum hinter der kleinen schrägen Mauer bis zu dieser Höhe mit Abfällen der bearbeiteten Bausteine gefüllt war. Von einer Überwölbung dieser Räume waren Spuren nicht zu finden, da die Vernichtung der Mauern zu tief herabreicht. Es ist indessen anzunehmen, dafs die kleineren Räume überwölbt waren; unentschieden dagegen bleibt, ob der grofse Raum überwölbt oder mit Balken gedeckt war. Welchem Zwecke die Pfeilervorlagen in dem grofsen Raume gedient haben, liefs sich nicht bestimmen. Das Licht wird in gleicher Weise, wie bei den mittleren Gewölben, von vorn zugeführt worden sein.

Die Ausführung dieser durchschnittlich etwa 20 m hohen Untermauern des westlichen Kopfbaues, welche sich zum Teil ohne Verband an die westliche Gewölbestützmauer anlehnen und geringere Stärken als die Mauern unter dem Tempelfelde und als die grofse Stützmauer aufweisen, dabei grofse Räume einschliefsen, mufs als unsolide bezeichnet werden. Der ganzen Ausführung nach ist die Annahme gerechtfertigt, dafs die westlichen Unterbauten später hergestellt wurden, als die viel solider angelegten östlichen, zu deren Besprechung wir jetzt übergehen.

Die Grundrisse auf Taf. III und XVII und die Querschnitte GH und IK auf Taf. XVII stellen die Räume im Unterbau des östlichen Anbaus dar. Unverkennbar, wenn auch von den Stufen nur eine noch vorhanden ist, erscheint dabei die Anlage einer Treppe, welche von dem Platze vor dem Tempelbezirke her den Eintritt in die Gewölbe ermöglichte. Die Anlage der Treppe bedingte Treppenwangen, und so finden wir hinter der Rückwand eine Mauerzunge, welche sich durch die Osthalle fortsetzte und an der östlichen Hauptstützmauer endete. Die Fortsetzung der Treppe forderte dann die Ausführung einer zweiten Mauer, welche ein kleines, einst unzugängliches Gewölbe einschlofs. Die Treppe führt abwärts in eine kleine Vorhalle, aus welcher Thüren nach aufsen und in die beiderseits anstofsenden überwölbten Räume führen. Hinter dem ostwärts anstofsenden befindet sich ein nicht überwölbter, mit Bauschutt gefüllter Raum.

Unterbau der Kopfbauten der Osthalle.

Nachgrabung in ihm ergab, dafs die Zwischenmauer bis zur Kampferhöhe des überwölbten Nachbarraums aus unregelmäfsigen Quadern hergestellt ist, der Teil darüber aber im Zusammenhange mit dem Gufsgewölbe des Nachbarraums in Bruchsteinmauerwerk ausgeführt worden ist, das zur Glättung verputzt wurde.

Besonders bemerkenswert, weil beweisend für die nachträgliche Anfügung der Hallenbauten an die Gesamtanlage, ist die aufser Verband stehende Gewölbestützmauer der Vorhalle, welche sich an die seitliche Abschlufsmauer der grofsen Gewölbe des Tempelfeldes anlehnt.

Wie früher schon erwähnt, war diese Abschlufsmauer aus Quadern aufgeführt. Auf Taf. XVII Schnitt *IK* ist der Zusammenstofs der beiden Mauern durch eine scharfe Linie angegeben, deren punktierte Fortsetzung das Gewölbe des kleinen, seitlich der Treppe liegenden Raumes zeigt. Die in die Gewölbe führenden Thüren sind von Quadern eingefafst und durch Bögen geschlossen. Eine gleiche solide Ausführung zeigen die Mauerecken der Treppenanlage, welche durch Bögen mit den gegenüber liegenden Mauern verbunden sind. Im Schnitt *IK* ist die eine Ecke, im Schnitt *GH* die der Ecke gegenüber liegende Mauer mit verzahntem Quaderwerk gegeben. Die Mauern sind aus Würfel-, die Gewölbe aus Gufsmauerwerk hergestellt. Ungeachtet aller Grabungen bis auf den nackten Fels hat sich von Treppenstufen mit Ausnahme der im Grundrifs und im Schnitt *GH* angegebenen Schwelle nichts vorgefunden. Diese Schwellenstufe, in gröfserem Mafsstabe auf Taf. XVIII (links von »Stufen vom Propylon«) dargestellt, zeigt Einfatz- und Riegellöcher für eine Thür, welche in einen ausgearbeiteten, 2½ cm tiefen Absatz einschlug. Die rechtsseitige Vertiefung war für einen seitstehenden Abschlufs bestimmt. Auf Taf. XVII Schnitt *GH* sind die Reste des über dem Treppenlauf einst vorhandenen aufsteigenden Gewölbes gegeben. Eine aufsteigende Schicht zeigt die Kampferhöhe, zwei Aussparungen im Mauerwerk die Stellen, wo die Lehrbögen gesessen haben.

Fortsetzung der grofsen Stützmauer nach Osten. In die grofse Stützmauer greift, wie bereits auf S. 11 dargelegt ist, mit geringer Verzahnung (Taf. XXI, XXII) ihre östliche Fortsetzung ein. Diese Fortsetzung wird, wie auch die nach einer Bohn'schen Aufnahme hergestellte Zeichnung auf S. 39 deutlich macht, von einem Thor durchbrochen, welches im Zusammenhange mit der vorerwähnten Treppe einen Zugang von dem Athenaheiligtum zu den oberen Burgbauten vermittelte. Auf der linken Seite dieses Thors schliefst sich das aufsteigende Quadermauerwerk den Schichten der grofsen Stützmauer an, während auf der rechten Seite andere ungleiche Schichtenhöhen eintreten. Das Thor beginnt zwei Schichten über dem Wulst, hat eine Breite von 2,14, eine Leibungstiefe von 1,60, etwa 3 m Höhe bis zum Scheitel und ist von einem Bogen mit ungleichen Wölbsteinen geschlossen. Die linke Leibungsseite liegt in einer Flucht mit der inneren Mauer. Die auf Taf. XXII in der Thoröffnung sichtbare Treppe ist eine ganz späte Anlage.[1]

---

[1] Irrtümlicherweise ist diese späte Treppe in die Rekonstruktion Taf. XXXII eingetragen worden.

Gleich dem mittleren Abfatze der Hauptmauer wird auch der entfprechende Teil der öltlichen Stützmauer von einem vorfpringenden Plattenbande (Taf. XXI. XXII) abgefchloffen, welches an der Oltecke endet. Über dem Bande fpringt das Quadermauerwerk des oberften Teils zurück. Diefer oberlte Teil ift in zwei Pfeilerfragmenten (Taf. XXI. XXII) und in vier Schichten der Oltecke (Taf. XIX) erhalten.

Der erlte Pfeiler (Taf. XXII), über dem Bogen errichtet, kann zu einer Lichtöffnung nach der linken Seite zu nicht gehört haben, da die Gewölbe die Öffnung verdeckt haben würden. Vergleicht man die Quadern des erften Pfeilers auf Taf. XXII mit den Quadern des zweiten Pfeilers auf Taf. XXI, fo zeigt fich, dafs beide verfchiedene Schichtenhöhen aufweifen. Die Quadern des erften zeigen glattbearbeitete Flächen und Klammerlöcher, fo dafs fich daraus, wie aus der ganzen Anlage, der Schlufs ergiebt, dafs wir es mit einem Pfeiler aus fpäterer Zeit zu thun haben, der aus abgebrochenen Werkfteinen zufammengefetzt wurde. Was den zweiten Pfeiler betrifft, fo ftammen die Quadern nach Schichtenhöhen und Ausführung unzweifelhaft von der erften Anlage her. Nach Weften zu ausgebrochen, zeigt er öltlich fenkrecht aufgeführte Schichten, die von einem vorltehenden Binder unterbrochen werden und in den beiden oberften Schichten (Taf. XIX) auch eine Bogenlinie eingearbeitet aufweifen. Die diefem Pfeiler folgende Öffnung wird wiederum durch fenkrecht übereinander ftehende Quadern begrenzt. Ob wir es hier mit einer

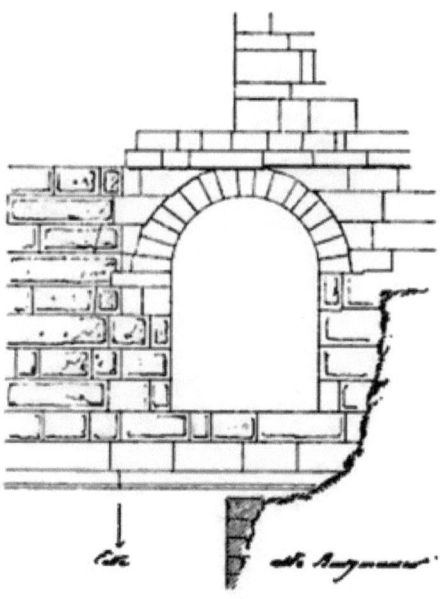

Nifchenbildung oder mit einer Fenfteranlage für das dahinter liegende Gewölbe zu thun haben, konnte nicht entfchieden werden.

Die Südoftecke in ihrer vortrefflichen Ausführung und Erhaltung (Taf. XIX) biegt nach Norden mit etwa 3 m langem Quadermauerwerk um und ift weiterhin in Würfelmauerwerk fortgefetzt. Die Nordoftecke ift ebenfalls von Quadern eingefafst. Ein Vergleich des Quadermauerwerks des öltlichen Kopfbaues mit dem der weftlichen Fortfetzung der grofsen Stützmauer weift auf die frühere Ausführung der öftlichen Kopfbauten hin.

Aus der Aufmauerung der öftlichen Stützmauer in Würfelmauerwerk ergiebt ſich der Schluſs, daſs eine Erdaufſchüttung an dieſer Stelle vorhanden war, welche den Zugang zum Tempelfelde ermöglicht haben wird.

Der Oberbau.

Die erſten Ausgrabungen im Jahre 1879/80 ließen bereits erkennen, daſs der Tempelbezirk im Norden, Oſten und Weſten von Hallen eingeſchloſſen war. Die ſpäteren Ausgrabungen, zumal die im Jahre 1885 unternommene der Theaterterraſſe, förderten eine groſse Anzahl zum Trajaneum gehöriger dort hinabgeſtürzter Werkſtücke an das Licht, durch welche die Rekonſtruktion der Hallen mit ihren Kopfbauten zum Abſchluſs gebracht werden konnte.

Die Nordhalle. In wirrem Durcheinander lagen auf der Nordſeite die mächtigen Architekturſtücke des Tempels gemiſcht mit Architekturteilen einer Halle. Die Aufräumungsarbeiten ſonderten bald die Fülle der von dieſer Halle herrührenden, gut erhaltenen Baſen, glatten Säulenſchäfte, Kapitelle und Gebälkſtücke. Es unterlag keinem Zweifel, daſs die den

Peribolos nach Norden abſchließende niedrige Stützmauer einſt dieſe Säulenhalle zu tragen hatte, da, wie beiſtehende Skizze zeigt, Säulenſchäfte auf der Mauer auflagernd und dicht hinter ihr im Erdreich ſenkrecht ſtehend gefunden wurden. Hierzu ſtimmen auch die im Jahre 1885/86 von Bohn bei der Unterſuchung des höher gelegenen Terrains aufgedeckten, zur Halle gehörigen Rückmauern und Hintergemächer. Die nähere Unterfuchung der Stützmauer ergab, wie Taf. XVIII darftellt, dafs fie in ihrer alten Höhe nicht mehr erhalten und an einzelnen Stellen bis auf einige Schichten zerftört ift. Sie ift aus Steinen des Burgfelfens oder der umliegenden Höhen in regelmäfsigen Schichten von 54 und 35 cm Höhe aufgeführt. Die Läufer haben eine durchfchnittliche Tiefe von 36 cm, einzelne Binder greifen 70 cm ein. Auf der Oftfeite, wo der Fels nahe an die Mauer heranrückt, fchwanken die Steintiefen zwifchen 36 und 40 cm.

Da eine Verbindung diefer Mauer mit einem dahinterliegenden Mauerwerk nicht nachgewiefen werden konnte und der Hohlraum zwifchen ihr und dem Felfen fich mit Schutt und Erdreich ausgefüllt zeigte, fo ergab fich die Schlufsfolgerung, dafs diefe Mauer in der urfprünglichen Anlage nicht Fundamentmauer für eine Säulenftellung war, fondern nur zur Verkleidung des abgearbeiteten Felfens diente. Ihre erfte Ausführung gehört der Königszeit an. Dafür fprechen Material und Technik, dafür fpricht, dafs Bohn dort, wo jetzt die Säulenftellung der Wefthalle anfetzt, das Ende der Mauer und die Abarbeitung des früher nach Süden umbiegenden Flügels gefunden hat, fo wie beiftehende Zeichnung und Taf. XVIII zeigen. Auch die unmittelbar vor der Mauer an ihrem urfprünglichen Platze befindliche halbrunde Exedra des Attalos fpricht für die Entftehung der Mauer in der Königszeit.

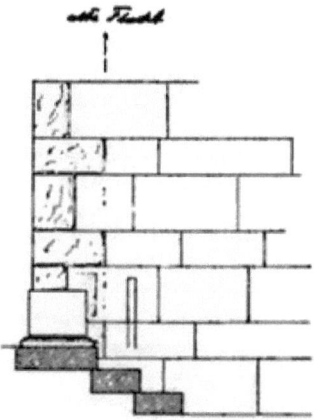

Auf Taf. XXIII (auf der rechten Seite im Hintergrunde) ift die Mauer mit der Säulenhalle dargeftellt. Wie daraus erfichtlich, wurde die Mauer oben abgefchloffen von einem etwa 23 cm hohen Gefims aus Marmor, das aus Sima, fcharf unterfchnittener Platte und kleinem Zahnfchnitt befteht, und von welchem fich eine Menge Einzelftücke am Fufs der Mauer vorfanden. Auf diefes Gefims fetzten, wie der Schnitt auf Taf. XXIII zeigt, Platten mit rund aufgearbeiteten Säulenbafen auf, welche abweichend von üblicher Art aus Schräge, Platte und Unterfchneidung beftehen; an einigen fehlen die Unterfchneidungen. Der Säulenfchaft, aus einem Stücke 4,72 lang mit einem 57 cm grofsen unteren Durchmeffer, ift glatt, zeigt bei einigen Säulen am Fufs Ablauf mit Platte und fchliefst oben mit Anlauf, Plättchen und Rundftab. Auf beiden Seiten befindliche Einfatzflächen, deren obere Kante durchfchnittlich 1,15 über der Bafis liegt, nahmen ein Brüftungsgefims auf, welches wahrfcheinlich von dünnen Platten getragen wurde. Für das Vorhandenfein diefer dünnen Platten fprechen in die Säulenbafen eingearbeitete Schlitze, wie alles diefes Taf. XXIII zeigt. Unter fonftigen Fragmenten nahm Rafchdorff Bafen und Deckgefimfe von Poftamenten auf, welche diefelben Schlitzbreiten aufweifen (Taf. XXVIII, 3. 5). Danach sind die zwischengestellten Postamente in die Rekonstruktion eingetragen worden. Zum Säulenschaft gehören 43', cm hohe Kapitelle, deren Kelche aus vierundzwanzig strassen, tief gekehlten, unter dem Abakus überfallenden Blättern bestehen, welche am unteren Rande von zwölf spitzlappigen Akanthusblättern gedeckt werden (Taf. XII, 3. XXIII). Ein kräftiger Abakus mit abschließendem Plättchen leitet zum Gebälk über. Architrav und Fries sind zusammengearbeitet und aus Blöcken von 2,04 Länge und 0,72 Höhe hergestellt. Die Profilierungen setzen sich für den Architrav aus drei Bändern und einem Abschlußgesims, für den Fries aus einer niedrigen Platte mit Untergliedern für das Hauptgesims zusammen.

Die Rückseite des Architravs weist eine vereinfachte Profilierung auf, ferner in Frieshöhe Balkenlöcher, welche in der Mitte des Architravs mit 40 cm, neben den Fugen mit 20 cm Breite ausgearbeitet sind. Aus ihrer regelmäßigen Anlage und aus den Abmessungen ergiebt sich, daß je ein kräftiger Holzbalken den Säulen und der Architravmitte entsprach.

Das Hauptgesims zeigt eine kräftig vorgeschobene, durch Kassetten in der Unteransicht belebte Hängeplatte, welche von konsolartigen Balkenköpfen unterstützt und von einer hohen, tief unterschnittenen Sima mit kleinerem Untergliede abgeschlossen wurde. Die Sima war durch roh bearbeitete Löwenköpfe verziert, welche nur dekorative Bedeutung besaßen, da von einer Rinnenausarbeitung nur Andeutungen vorhanden sind. In gleicher Weise wie bei den Architravblöcken für die Balken sind an der Rückseite der Hauptgesimsplatten Löcher zur Aufnahme der Holzsparren ausgearbeitet. Im Gegensatz zu der sorgfältigen und reichen Behandlung der Tempelformen ist die der Hallendetails einfach, oft flüchtig, ja roh.

Die Rekonstruktionen auf Taf. XXXI und XXXII zeigen, in welcher Weise die Nordhalle östlich und westlich geendet haben mag. Östlich konnte sie über die Nischenanlage nicht fortgeführt werden, westlich mußte sie in Verbindung mit einem in einigen Grundmauern nachgewiesenen, großen Raume stehen.

Die Osthalle. Die Osthalle mit ihrem Kopfbau erhob sich auf den im Plane auf Taf. III dargestellten Untermauern.

Sieht man in diesem Grundrisse von den Zwischenmauern in den Gewölberäumen ab, welche nur den Zweck hatten, Wangen für die Treppe zu bilden, so erkennt man die klare Disposition der Durchführung der Halle bis zur vorderen Stützmauer, im Anschluß daran die Untermauern für einen nach Osten vorgeschobenen Vorbau. Die Mauer für die Säulenaufstellung ist die Fortsetzung der die Gewölbe des Tempelfeldes östlich abschließenden Stützmauer; die Rückwand der Halle schließt sich, die Treppe mit einem Bogen überbrückend, an die Stützmauer des Vorbaus an.

Taf. XVII zeigt in größerem Maßstabe die Untermauern, den Aufbau der Rückwand (Längenschnitt AB), den halbkreisförmigen Abschluß der Halle nach Norden zu (Querschnitt CD, EF), die kleine Treppe, welche zur Nordhalle hinaufführte, den

Unterbau für die Säulenstellung mit den erhaltenen Marmorstufen, die Säulen- und Plattenbasen, ferner auf dem Mauerwerk des südöstlichen Vorbaus (Grundrifs) in alter Lage zwei Marmorplatten, von welchen die schmale zur Aufnahme eines Wandpfeilers diente, während die langgestreckte sich als Thürschwelle kennzeichnet.

Betrachten wir die einzelnen Teile in der aufgeführten Folge. Die Rückwand der Halle (Taf. XVII Grundrifs, Längenschnitt AB, Querschnitt CD) baute sich auf einer Schicht von 74 cm breiten Quadern auf. Auf diese Schicht setzten sich nach außen zu 55 cm hohe flache Quadern, welchen nach der Innenseite Würfelmauerwerk vorgesetzt war. Diese Ausführung weist darauf hin, dafs die Rückwand nach dem Platze zu, welcher sich östlich vor dem Trajaneum befand, frei stand.

Nach Norden war die Halle durch eine Nische von 5,73 Durchmesser abgeschlossen, hinter deren halbkreisförmiger, 1,10 starken Mauer ein 70 cm breiter Hohlraum hergestellt ist, welcher hauptsächlich zur Isolierung des Mauerwerks gegen Feuchtigkeit, desgleichen zur Abführung des Regenwassers dienen sollte. An drei Stellen der Hintermauer fanden sich keilförmige Einsätze vor, im Grundrifs und in den Querschnitten ersichtlich, in welche sich schräg gestellte Steine legten.

In der Fortsetzung der Nordhallenstützmauer bilden zwei sich gegenüber stehende 72 cm breite, 50 cm tiefe, aus Trachytquadern ausgeführte Pfeilervorlagen, deren Abstand dem Nischendurchmesser entspricht, einen Nischenvorraum, aus welchem man auf einer zwischen Nische und Pfeilervorlage befindlichen 1,04 breiten Treppe zur Nordhalle gelangte. Nachgewiesen wurden sieben Stufen, auf der dritten fanden sich Einsatzlöcher für einen Thürverschluss vor.

Über die Ausschmückung der Wände geben die am Sockel der Nische und der Pfeilervorlage aufgefundenen Marmorverkleidungen Aufschluss. Auf einem 15 cm hohen aus Kehle, Wulst und Platte bestehenden Marmorsockel, dargestellt auf Taf. XVIII (Fufsgesims), fafsen 2 cm starke, farbige Marmortafeln, welche mit der Wand durch eine 3 cm starke Mörtelschicht verbunden waren. Tafeln und Mörtelschicht sind nur noch in Fragmenten erhalten.

Zur Halle führten vom Plattenbelage des Tempelfeldes drei Marmorstufen, welche in ungemein solider Weise durch Dübel mit den Unterschichten verbunden sind (Taf. XVII im Grundrifs). Fast jeder Plattenstein unter der ersten und zweiten Stufe weist Dübellöcher und Gussrinnen auf. Auf der die oberste Stufe tragenden Unterschicht entsprechen je zwei nebeneinander befindliche Dübellöcher dem Standplatze der Säulen. Die zwei unteren Stufen haben eine Steigung von 22 cm, einen Auftritt von 41 cm und greifen rd. 7 cm ein. Die obere Stufe ist bei gleicher Steigung 74 cm breit.

Auf denjenigen Stufenplatten, welche bestimmt waren, die Säulen aufzunehmen, finden sich deren kreisförmige Aufstände und innerhalb derselben je zwei Dübellöcher mit den entsprechenden Gussrinnen vor. Am Platze erhalten zeigten sich bei der Osthalle ein Pfeiler- und ein Säulenstück mit angearbeiteter Basis, welche aus Wulst, Rundstab, Platte und Ablauf besteht. Das Pfeilerstück entspricht in seinen Abmessungen dem Säulenſtücke, hat 58 cm Breite, 59 cm Tiefe, 42 cm Höhe und legt ſich flach gegen die Stützmauer der Nordhalle. Da ſich die obere Stufe in hinreichend erhaltenen Teilen noch in alter Lage fand, konnte auch feſtgeſtellt werden, daſs der Zwiſchenraum zwiſchen Pfeiler und Säule geringer iſt, als der zwiſchen den Säulen. Während die Säulenachſen 2,66 m grofs ſind, beträgt das Maſs von Mitte Säule bis Hinterkante Pfeiler 2,6g.

Aus den geringen Funden von Säulenſtücken im Oſten und aus der auf der Weſthalle in alter Falllage neben dem Baſisſtück gefundenen Säule, wie Taf. XXIX ſie zeigt, ergab ſich, daſs die Säulenſchäfte der Oſt- und Weſthalle aus zwei Teilen beſtanden, aus einem kleineren unteren glatten mit angearbeiteter Baſis und aus einem oberen Hauptteile, welcher vierundzwanzig Kanneluren auf ⅔ Länge des ganzen Schaftes aufweiſt. Die Geſamthöhe der Säule mit dem Kapitell konnte auf 5,32 m Länge beſtimmt werden. Das Gebälk iſt in der Ausführung und in den Abmeſſungen dasſelbe wie bei der Nordhalle, wie ein Vergleich der auf Taf. XXIII zuſammengeſtellten Hallendetails lehrt.

Zu erwähnen iſt noch, daſs ſich auf den Vorderkanten der zweiten und dritten Marmorſtufe in beſtimmten Abſtänden, den Säulen entſprechend, Klammerlöcher mit rinnenartigen Vertiefungen vorfanden, die zur Befeſtigung eines Gitters gedient haben müſſen, welches ſeine Verſtrebung auf der oberſten Stufe fand. Für das Gitter ſpricht auch der in der Nordmauer befindliche, auf Taf. XVII Querſchnitt FF dargeſtellte Schlitz, welcher durch die zweite und dritte Schicht reicht und das Gitter aufnahm. Durch dieſes Gitter, welches wahrſcheinlich bis zum ſüdöſtlichen Vorbau durchgeführt war, wurde die Oſthalle vom Tempelfelde abgeſchloſſen und eine Durchgangshalle für die hinter der Nordhalle gelegenen Räume. Die Oſthalle muſs ihrer Lage nach ein gegen ſcharfe Winde und glühende Sonne geſchützter Aufenthaltsort geweſen ſein, dem die Niſche mit Ruheſitzen auſserdem noch zu gute kam.

Südöſtlicher Vorbau. Die einzigen Reſte auf dem Unterbau des ſüdöſtlichen Vorbaus, welche Anhalt für die Rekonſtruktion bieten konnten, ſind die auf Taf. XVII in ihrer alten Lage, auf Taf. XVIII in gröſserem Maſsſtabe dargeſtellten Marmorſtufen. Ihre Höhe von 22 cm beſtimmt ſie als Stufen; die ſchmale Platte kennzeichnet ſich durch die Dübellöcher und Guſsrinnen als Sockel für einen Wandpfeiler, die lange Platte durch die Einſatzlöcher für Gitterpfoſten und Riegel als Schwelle. Aus der Lage dieſer Stufen auſserhalb der Raummitte ergibt ſich, wenn man annehmen darf, daſs ein Durchgang in der Mittelachſe des Raumes gelegen haben wird, der Schluſs, daſs ein dreiteiliger Durchgang an dieſer Stelle vorhanden war, alſo noch andere Sockelplatten und Schwellen folgen muſsten. Die Auftragung der Säulenachſen von der Nordmauer aus ergab, wie Taf. XXXI zeigt, die Übereinſtimmung der Interkolumnien mit einem ſo angenommenen dreiteiligen Durchgange.

Aufſchluſs über die unter den Funden im Tempelbezirk fehlenden Architekturteile dieſes Durchgangs gaben dann auf der Theaterterraſſe gefundene und ſehr gut erhaltene Einzelſtücke, die wahrſcheinlich von dem entſprechenden Kopfbau der Weſthalle herrühren und bei dem Einſturz desſelben auf die Terraſſe herunterſtürzten. Sämtliche auf der Theaterterrasse gefundenen Einzelstücke, welche für den Aufbau der Kopfbauten bestimmend waren, find auf Taf. XXIV zusammengestellt.

Die für den dreiteiligen Durchgang in Betracht kommenden Architekturteile bestehen aus einem Wandpfeiler, aus einem Zwischenpfeiler mit angearbeiteter Halbsäule, den dazu gehörigen Sockeln und aus einem 3,07 langen Gebälkstück (Taf. XXIV, rechts). Der Wandpfeiler hat dem Säulendurchmesser entsprechend 60 cm untere Breite, in der Tiefe einen unteren Durchmesser von 93½ cm, einen oberen von 88 cm und eine Höhe von 4,12. Seine Gliederungen beginnen über dem Sockel mit Rundstab, Platte und Ablauf und enden oben mit denselben Gliedern in umgekehrter Folge. Auf der geschliffenen Leibungsfläche fallen ein keilförmiger Einschnitt, ein 7 zu 11 cm grofses Einsatzloch und drei kleinere Vertiefungen von rechteckigem Durchschnitt auf. Sie werden sämtlich zum Gitterverschlufs gehört haben und mit den auf der Schwelle befindlichen Einsätzen in Zusammenhang stehen. Was den Zwischenpfeiler (Taf. XXIV, links unten) betrifft, deffen eine Seite als Halbsäule ausgebildet war, so ist er nur in seinem unteren, 1,495 langen Teile erhalten. Dieser Teil hat einen Durchmesser von 59 cm, eine Tiefe von 94 cm. Den Säulen entsprechend ist der untere Teil glatt, während den oberen elf ganze und zwei halbe Kanneluren beleben. Auch bei diesem Zwischenpfeiler fanden sich, und zwar auf beiden Innenseiten, die Einsatzlöcher für den Gitterverschlufs vor.

Die Basen des Wand- und Zwischenpfeilers sind reicher gegliedert als die Säulenbasen und bestehen aus zwei Wülsten mit Zwischenkehle. Über die Beschaffenheit der zu diesen Stücken zugehörigen Kapitelle fehlt jeder Aufschlufs, doch kann angenommen werden, dafs sie in gleicher Art wie die übrigen Hallenkapitelle behandelt waren.

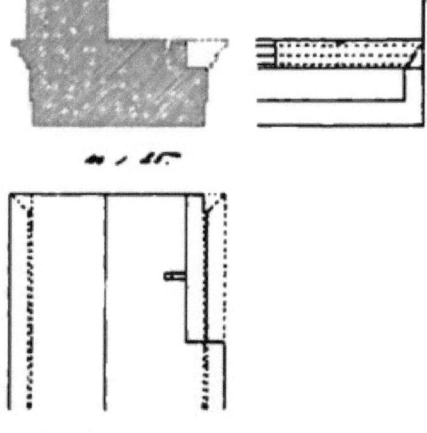

Die Zugehörigkeit des 3,07 langen Gebälkstücks (Taf. XXIV, rechts oben) zum Durchgange läfst sich aus den Mafsen nachweisen. Die Länge des Architravs entspricht mit einer kleinen Differenz der Säulenachse = 2,66 + halbem Säulendurchmesser (0,30) + angearbeiteter Fläche (0,095),

zusammen 3,055. Der Querschnitt, welcher eine Ausarbeitung über dem Architrav zum Zwecke der Balkenaufnahme aufweist, zeigt eine Höhe von 0,75 bei einer Tiefe von 0,825. Diese Tiefe und der obere Durchmesser des Pfeilers laffen, wie Taf. XXIV zeigt, die Zusammengehörigkeit ebenfalls zu.

Mit punktierten Linien ist auf Taf. XXIV im Querschnitte des vorbesprochenen Architravs der Einsatz eines Profilstückes angegeben, das vorstehend (S. 45) wiederum im Durchschnitte, in Ansicht und Grundriss dargestellt ist. Wahrscheinlich gab eine ausgebrochene Stelle Anlass zu diesem Einflicken.

Der Abschnitt der Fascie giebt den Beweis, dass auch auf dieser Seite die Profile des Thürarchitravs sich gegen eine Fläche verkröpften. Aus diesem Grunde konnten sie hier in anderer Form als die der Säulenhalle ausgeführt werden.

Die kleinen Differenzen in den Maßen sind nichts Aussergewöhnliches. Auch Bohn weist in Bd. II bei Besprechung der Einzelheiten des Athenatempels selbst für die Bauten aus der Königszeit darauf besonders hin.

Sowohl auf der Theaterterrasse, als auch auf dem südöstlichen Vorbau selbst — womit die Zugehörigkeit zu diesem erwiesen sein dürfte — fanden sich die auf Taf. XXIV links oben dargestellten kleinen Wand- und Zwischenpfeilerkapitelle. Sie haben in ihrer unteren Fläche gemessen eine Tiefe von 92 bis 93 cm, eine hintere Breite von 28, einen vorderen, bei den Mittelstücken als Halbsäule behandelten Kopf von etwa 31 cm Breite. Ihre Höhe ist verschieden, die Profilierung eine sehr einfache. Dass es Kapitelle sind, geht daraus hervor, dass sich auf dem Abakus fünf grosse Dübellöcher mit Gussrinnen, auf der dargestellten Unteransicht dagegen nur zwei kleinere Dübellöcher befinden. Sie lassen sich nur als Bestandteile einer Fensteröffnung erklären und sind dieser Auffassung gemäss in der Rekonstruktion auf Taf. XXXII als Fenstereinfassungen und -stützen verwendet worden.

Die Frage, welche Gesamtform im Aufbau Halle und Vorbau hatten, wird zum Teil durch die Grundrissdisposition (Taf. III) beantwortet. Die starken Grundmauern und die quadratische Form des teils überwölbten, teils mit Bauschutt aufgefüllten Unter-

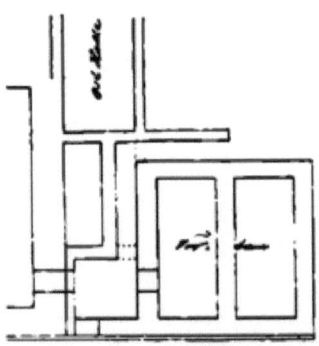

baus des Vorbaus weisen darauf hin, dass es ein selbständiger Baukörper war, an welchen sich die Halle anlehnte. Ein Zusammenfassen der Halle und des Vorbaus zu einem einheitlichen Baukörper ist schon dadurch ausgeschlossen, dass in der Fortsetzung der Hintermauer des Vorbaus nach Westen zu eine Grundmauer zur Aufnahme einer hochgeführten Wand fehlt, wie beistehende aus Taf. III wiederholte Planskizze vor Augen führt.

Ist die Durchführung der Halle bis zur vorderen Stützmauer so weit nachgewiesen, so ergiebt sich als natürliche Folge, dass die Halle vorn mit einem Giebel und hinten über der Nische mit einem halben Kegeldache schloss.

Zu dem an der Osthalle gefundenen Material für die Rekonstruktion des südöstlichen Kopfbaus der Halle und ihres Vorbaus können die in überwiegender Zahl auf der Theaterterrasse hinabgestürzt gefundenen, von Bohn vermessenen, auf Taf. XXIV dargestellten Bauteile herangezogen werden, welche ihrer Falllage nach dem Kopfbau der Westhalle angehört haben dürften.

Nach dem Grundriß (Taf. III) liegen die Vorderflächen der Hallenrückmauern in gleicher Flucht mit den Vorderflächen der anschliessenden Mauern der beiden Vorbauten. Daraus folgt, daß der Abschluß der Halle vor die Südfront der Kopfbauten vortreten mußte, um den Giebel entwickeln zu können. Entsprechend den Pfeilervorlagen an der Nordhallenmauer mußte die Säulenstellung mit einem Pfeiler an der Südmauer schließen, dem die mit der Wand verbundene Ante gegenüberstand. Der Abstand dieser Pfeiler in Hallentiefe bedingte zwei zwischengestellte Säulen (Taf. XXXI).

a   b

Ein wesentliches Fundstück ist ein in den Querschnittsabmessungen und in der Profilierung mit den übrigen Hallenarchitraven übereinstimmender, 2,705 langer Architrav, dessen linksseitige Aussenprofile sich gegen eine Fläche verkröpften (Taf. XXIV, oben links). Daß diese Fläche sich einer Mauer anschloß, bedarf keines weiteren Beweises. Anschluß an eine Mauer weist ferner die auf Taf. XXIV in Ansicht und Grundriß dargestellte linke Giebelecke der Westhalle mit dem Akroterienansatz auf. Stark zertrümmert wurde ebenfalls die zur Osthalle zugehörige rechte Giebelecke gefunden. Bei beiden Giebelecken laufen sich Sima und Platte gegen eine etwa 50 cm von der Platte zurückliegende Fläche tot. Rechnet man von der Grundfläche, von welcher sich die Balkenkonsolen loslösen, die Ausladung des Friesgesimses mit 9 cm ab, so bleiben etwa 10 cm übrig, welches Maß dem Vorsprung der Ante vor der Mauer entsprechen würde. Legten sich also die Giebelecken gegen eine Mauer an, so konnte auch das aufsitzende Eckakroterion nur eine halbe Entwickelung haben. Auf der Theaterterraſſe fand ſich nun als ein ſolches Eckakroterion mit nur halber Entwickelung die vorſtehend (S. 47) unter *a* dargeſtellte, in ihrer Kelchbehandlung dem Tempel-Eckakroterion verwandte Akroterienplatte mit ornamentaler Rankenbildung vor. Andere Rankenbruchſtücke, welche vorſtehend unter *b* abgebildet ſind, können zur Nebenſeite des rechten Eckakroterion gehört haben.

Unter den Funden von der Theaterterraſſe befand ſich ferner das Mittelſtück des Giebels (Taf. XXIV), welches keine Maueranſätze zeigt, mit dem 0,95 breiten und 0,68 tiefen Sockel des Mittelakroterion, wodurch ein weiteres Beweisſtück für die Durchführung der Firſtlinie in der Mitte der Halle gegeben war. Zu den im Norden der Theaterterraſſe gemachten Funden, welche nicht zum ioniſchen Tempel dort gehört haben können, alſo vermutlich zum ſüdlichen Abſchluſſe der Trajaneumshallen, und zwar der Fallage nach zu dem der Weſthalle zu rechnen ſind, gehört noch ein 1,916 langes rechtsſeitiges Giebelgeſimsſtück (Taf. XXIV), ferner eine mit Schild und Helm verzierte Giebelfeldplatte (Taf. XXIV).

Auſerdem wurde ein Mittelakroterion mit einer Nike auf einer Kugel, wie vorſtehend abgebildet, in Bruchſtücken am Nordrande der Theaterterraſſe gefunden, welches nicht zum ioniſchen Tempel gehört, aber auch nach Formbildung und Maſsen nicht einem und demselben Giebel mit dem auf S. 47 unter a abgebildeten, weit kleineren Eckakroterion angehört haben kann. Es entspricht in Kelchbildung und Rankenentwickelung dem übrigens weit gröfseren Akroterion des Trajanstempels selbst, und es bleibt wahrscheinlich, dafs es mit den Kopfbauten der Hallen in Verbindung zu bringen ist, wenn wir auch nicht im Stande sind ihm einen bestimmten Platz anzuweisen. Für jeden Versuch der Art werden die Mafse in Betracht kommen. An der Basis wird das Akroterion etwa 0,50 in der Breite gemessen haben, tief ist es etwa 0,23, aber es ist nicht ganz sicher, ob dieses Mafs der ursprünglichen Dicke entspricht, oder ob diese gröfser war und durch Absplitterung verringert ist. Die gröfste Breite des Kelches, vom äufsersten Rande des einen Blattüberfalls zum andern gemessen, betrug ursprünglich etwa 1,36, da die ganz erhaltene Hälfte vom Rande des Blattüberfalls links bis zur Mittelrippe 0,68 beträgt.

Noch weniger läfst sich über das untenstehend abgebildete Akroterionbruchstück sagen, über deffen Fundort sich nicht einmal etwas Genaues aufgezeichnet findet. Es mifst in der Basis 0,35.

Ob die aufserdem auf Taf. XXIV noch dargestellten verkröpften Gesimsfragmente als Abschlufsgesimse der südlichen grofsen Stützmauer oder als Krönungsgesimse über den Fensteröffnungen anzunehmen sind, ist schwer zu bestimmen. Nach Fundort, Technik und Material sind sie dem Trajaneum zuzuweisen.

In der Grundrifsdisposition ist die Westhalle der Osthalle fast gleich. Auch bei der Westhalle gehen die Untermauern der Säulenstellung in die Gewölbstützmauer über, desgleichen findet die Rückwand der Halle ihre Fortsetzung in der Vordermauer eines Kopfbaues.

Die Westhalle.

Die Untermauern der Westhalle sind auf Taf. III, die aufgehenden Mauern der Rück- und Seitenwand, ferner die erhaltenen Marmorstufen und Säulenbasen auf Taf. XVIII dargestellt. Die Rückmauern (vergl. den Querschnitt AB und den Längenschnitt CD), 75 cm stark, sind aus Würfelmauerwerk aufgeführt und soweit erhalten als der hart anstofsende Felsen Schutz gewährte.

Auf drei Marmorstufen erhoben sich die Basen für die Wandpfeiler und für die Säulen. Die erhaltenen Stufen und vier Basen sind aus dem Grundrifs ersichtlich, in den Abmessungen gleichen sie den besprochenen der Osthalle. Verschieden ist die Achsenweite, welche bei der Westhalle 2,60 beträgt und durch die kürzere Entfernung der Nordmauer von der grofsen Südstützmauer bedingt wurde. Der Abstand der Nordmauer von der Südstützmauer beträgt nämlich östlich 60,20, westlich 58,98. Zur Aus-

führung ift zu bemerken, daß die Säulenbafen und die unteren Säulentrommeln nur zur
Hälfte bearbeitet waren und mit den Boffen nach dem Peribolos zu ftanden (Taf. XVIII).

Auf der zweiten und oberften Stufe fanden fich ähnliche Schlitzlöcher wie bei
der Ofthalle vor, desgleichen der Einfchnitt in die Nordmauer, woraus auch bei diefer
Halle auf einen Gitterabfchluß zu fchließen ift.

Fragmente von Marmorplatten fowie Fußgefimfe geben über die Wandverkleidung
Auffchluß. Säulenfchafte, Kapitelle und Gebälke find den bereits befchriebenen der Ofthalle gleich.

Durch die Funde auf der Theaterterraffe konnte, wie bereits bei Befprechung der
Ofthalle dargelegt, der Hallenabfchluß nach Süden hergeftellt werden; denn Weft- und
Ofthalle, ihrem Grundriffe nach fymmetrifche Anlagen mit anfchließenden Flügelbauten,
gleiche Architekturteile aufweifend, werden auch gleichen Aufbau, gleiche Hallen-
abfchlüffe und Kopfbauten gehabt haben. Welchem Zwecke das an die Wefthalle an-
fchließende vordere Gemach einft diente und in welcher Art der Zugang hergeftellt war,
konnte nicht feftgeftellt werden, da die Zerftörung auf der Weftfeite eine zu weit-
gehende ift.

Material und Technik.

Das Material, aus welchem alle Unterbauten aufgeführt find, ift der Trachyt des
Stadtberges und der umliegenden Höhen. Zur Verkleidung der Krepis des Tempels
und für den gefamten Aufbau des Tempels und der Hallen wurde ein grobkörniger
weißer Marmor verwandt, deffen Struktur eine energifche und reiche Detaillierung
möglich machte, ja forderte. Mit einer für unfere heutigen Anfchauungen weitgehenden
Solidität, welche Hochachtung vor dem technifchen Können und der Gewiffenhaftigkeit
der alten Baumeifter erzwingt, ift Verklammerung und Verdübelung in weitgehendem
Maße durchgeführt worden. Befondere Ausführungen über die Klammer- und Dübel-
formen hier folgen zu laffen, erfcheint nicht geboten, da eigentümliche Verbindungen
nicht vorkamen und die üblichen genügend bekannt find. Die Dübel waren meiftens
ausgebrochen, nur an einzelnen Stellen fanden fich die in Blei fitzenden Eifendübel, an
einem Stück auch ein Bronzedübel vor.

Ein Syftem durchgeführter Verfatzmarken war im Gegenfatze gegen das auch bei
der Exedra des Attalos in Anwendung gekommene Verfahren der Königszeit nicht vorhanden. Vereinzelt fand fich auf der Unterfläche einer Säulentrommel ein E, auf der
Unterfläche eines Architravftückes ein B vor.

Endlich ift zu erwähnen, daß in den Tiefen verzierter Architekturteile fich Farb-
fpuren erkennen ließen, ein gelbrötlicher Ton, der eher auf einen Anftrich als auf eine
detaillierte Bemalung des Tempels hinweift.

Unter Zufammenfaffung aller befprochenen Einzelheiten liefern die Taf. XXXI, XXXII und XXXIII die Rekonftruktion der Gefamtanlage, fowie die wiederhergeftellten Anfichten von Süden und von Often, während auf Taf. XXXIV das Ganze perfpektivifch im Überblicke von einem angenommenen hohen Punkte im Nordweften vorgeführt ift. Hier ift auch die fchon anfangs gefchilderte beherrfchende Höhe des ganzen Platzes und feine Lage zu den benachbarten Architekturfchöpfungen der Hochburg erfichtlich.

Eine Frage ift bei alledem unerörtert geblieben: wo war der Hauptzugang zum Tempelbezirk? — Man wird ihn der grofsartigen Gefamtanlage entfprechend von anfehnlicher architektonifcher Ausbildung fich vorzuftellen geneigt fein und den Terrainverhältniffen nach kann er nur auf der Oftfeite gelegen haben. So haben wir ihn in der Mitte der Ofthalle gefucht und hier zu dem Ende auch Grabungen vorgenommen; aber es haben fich keinerlei Fundamente gefunden, welche einen Auffchlufs hätten geben können. Selbft die auf Taf. XXXI in der Rückwand der Ofthalle gezeichnete Thür beruht, ebenfo wie die in der Rückfeite der Wefthalle, lediglich auf Vermutung. So kamen wir auf den Gedanken, dafs der füdöftliche Anbau der Hallen den Hauptzugang bildete. Im Innern diefes Anbaus fanden wir Anhaltspunkte für Annahme einer dreifachen Thür (S. 44). Nimmt man diefer dreifachen Thür in der Achfe entfprechend eine gleiche dreifache Thür nach aufsen hin an, fo ift ein ftattlicher Zugang gefunden. Der füdöftliche Anbau wäre dann als Propylon zu benennen und ähnlich gelegen, wie das Propylon des Athenaheiligtums (Band II, Taf XXX). Hier eintretende Züge konnten in paffender Weife vor die Tempelfront gelangen. Dementfprechend ift im Plane auf Taf. XXXI die Rekonftruktion ausgeführt.

In der Rekonftruktion, fowohl im Grundriffe auf Taf. XXXI, als auch in der Anficht auf Taf. XXXII, erfcheinen noch zwei vor der Nordftützmauer fymmetrifch zum Tempel geftellte Denkmäler, das eine auch in der Perfpektive auf Taf. XXXIV. Diefe hat Raschdorff unterfucht und aufgenommen und behandelt fie im Anhange (S. 55 ff.). Dort find auch noch einige im Tempelbezirke gefundene Einzelftücke kleinerer Architekturen mitgeteilt, deren teilweife Zugehörigkeit zu den Hallen angenommen werden konnte. Sichtlich von dem höheren Terrain im Norden herabgefallene, von den dortigen Bauten der Königszeit herrührende Stücke, wie der Altar aller Götter (Infchrift Bd. VIII, 1, Nr. 131) finden in Bd. V, 1 Erwähnung. An fonftigen Einzelfunden war die Ausgrabung des Tempelbezirks wenig ergiebig, namentlich ift von felbftändiger Skulptur nichts Nennenswertes gefunden.

Wir haben es auf S. 2 vorweggenommen und find mehrfach im Laufe unferer Darlegungen darauf zurückgekommen, dafs die gefamte Anlage eines Tempels mit feinem von Hallen und deren Anbauten umgebenen Hofe in der römifchen Kaiferzeit an die Stelle einer befchränkteren Anlage aus der pergamenifchen Königszeit getreten ift, und haben die römische Schöpfung an die Namen des Trajan und Hadrian geknüpft. Eine Begründung dieser Bestimmung entnehme ich einem ungedruckten Vortrage, welchen Conze bereits am 10. Juni 1886 in der Königlich Preufsischen Akademie der Wissenschaften gehalten hat.

Älterer Benennungen zu geschweigen, haben unsere letzten Vorgänger in der Untersuchung der pergamenischen Bauten, welche darauf freilich nur eine kurze Zeit verwenden konnten, Curtius und Adler, die Ruine, welche wir jetzt als das Trajaneum bezeichnen, für den aus der sonstigen Überlieferung bekannten Tempel der Athena Polias gehalten, für welchen der Platz auf der Höhe des Stadtbergs besonders angemessen erschien. Der römische Charakter der Baureste veranlaßte sie aber, diese auf einen Umbau des älteren Heiligtums zurückzuführen und diesen Umbau mit dem aus der Kaiserzeit durch die sonstige Überlieferung bezeugten Augustustempel vermutungsweise zu identifizieren.

Bei unserer Ausgrabung im Jahre 1879 erwies sich die Annahme eines Umbaus für den Tempel, der sich vielmehr als ein durchaus einheitlich in einem Male aufgeführtes Bauwerk darstellte, als unzulässig, und die damals erst in reichlicher Anzahl freigelegten Architekturstücke ließen keinen Zweifel an der Entstehung des Baus in römischer Zeit. Auf die Gleichsetzung mit dem Athenatempel der Königszeit mußten wir also verzichten, und dieser wurde ja dann auch im Jahre 1880 an anderer Stelle nachgewiesen (Bd. II).

Dagegen hielten wir zunächst an der Gleichsetzung des stattlichen Baus mit dem aus der literarischen Überlieferung bekanntesten pergamenischen Tempel der Kaiserzeit, dem Augusteum, fest und befolgten diese Benennung allzu zuversichtlich, wie in dem akademischen Vortrage über Pergamon (Monatsberichte der Königlich Preufsischen Akademie der Wissenschaften, 29. Januar 1880), so im ersten vorläufigen Berichte über die Ergebnisse der Ausgrabungen zu Pergamon (Jahrbuch der Königlich Preufsischen Kunstsammlungen I, 1880, S. 95) und noch im zweiten Bande dieses Werks (1885) auf der Planskizze und gelegentlich im Texte.

Es verlohnt nicht, auseinanderzusetzen, wie wir an dieser Benennung allmählich irre wurden und zu der Zurückführung des Tempelbaus auf Trajan übergingen, wie sie im dritten vorläufigen Berichte (Jahrbuch der Königlich Preufsischen Kunstsammlungen IX, 1888, S. 19. 30) ausgesprochen und kurz begründet ist. Ausschlaggebend war im November 1885 der Fund einer bilinguen Inschrift in spätem Gemäuer zwischen dem Tempelbezirk und der Bibliothek, welche, zuerst von Mommsen ergänzt und erläutert (CIL. III, Suppl. 7086), von Fränkel in Bd. VIII, 2 unter Nr. 269 (vergl. S. 298 ff., Nr. 436—451) herausgegeben und auch im besonderen Bezug auf unseren Tempel (S. 206) erläutert worden ist. Die Inschrift enthält Bestimmungen über ein Spiel, das *in honorem templi Jovis amicalis et (Imp. Caes. divi Nervae fil. Nervae Trajani Augusti Germanici Dacici* in Pergamon gestiftet war und dessen Kosten der vornehme, aus Pergamon gebürtige Rhetor Julius Quadratus auf sich nehmen sollte. Der Tempel ist, wie

auch Fränkel bemerkt, derselbe, welchen pergamenische Münzen mit der Beischrift Ζεὺς
φίλιος und Τραιανός fummarifch abbilden, wie fich alle drei an die Neokorate des Auguftus,
Trajan und Caracalla geknüpften Kaifertempel in Pergamon auf den Münzen wieder-
fpiegeln.

Von den Trajansmünzen weifen uns Imhoof-Blumer und von Sallet fünf in Betracht kommende Typen nach, deren Abbildungen wir hier beifügen. Der eine Typus
(Abbildung 1 nach Exemplare Berlin. Mionnet II, 557. Suppl. V, 960) ftellt auf der einen
Seite den Kopf des Kaifers, auf der andern die thronende Figur des Zeus Philios, alfo
des *Jupiter amicalis* der Infchrift, dar, der zweite (Abbildung 2 nach Exemplare Berlin
und Imhoof. Mionnet Suppl. V, 958. 959) einerfeits den Kopf des Kaifers, andererfeits
den des Zeus Philios. Der dritte Typus (Abbildung 3 nach Exemplare Berlin. Mionnet II,
559. Suppl. V, 956. 957) zeigt einerfeits den Kopf des Kaifers, auf dem Revers aber
einen vierfäuligen Tempel, darin Zeus fitzend, den Kaifer in Waffentracht ftehend,
beide Figuren durch die Umfchrift ΦΙΛΙΟC ΖΕΥC und ΤΡΑΙΑΝΟC neben ΠΕΡΓΑΜΗΝΩΝ unzwei-
deutig bezeichnet. Ein vierter Typus (Abbildung 4 nach Exemplare Berlin. Mionnet II,
556. Suppl. V, 964) ftellt auf beiden Münzfeiten je einen vierfäuligen Tempel dar, einerfeits den des Auguftus mit dem nackten Standbilde des Kaifers im Innern, andererfeits
den des Trajan mit dem Standbilde des Kaifers in Waffentracht, infchriftlich bezeichnet
mit ΑΥΓΟΥCΤΟC und ΤΡΑΙΑΝΟC und dem Strategennamen. Endlich der fünfte Typus
(Abbildung 5 nach Exemplare Berlin und Imhoof. Mionnet II, 560. Vergl. Suppl. V,
961—963) zeigt auf der Vorderfeite Zeus Philios und Trajan, infchriftlich bezeichnet,
im Tempel, auf dem Revers aber in einem vierfäuligen Tempel, beide ftehend, den
Auguftus und die Roma, beide wiederum infchriftlich benannt, alfo die Zufammenftellung, wie in der bilinguen Infchrift das Spiel zu Ehren des Zeus Philios und Trajan
mit dem der Roma und des Auguftus als gleichwertig verordnet wird.

Die bilingue Infchrift ift unweit unferes Heiligtums gefunden und dafs fie mit
ihrer Beziehung auf Quadratus aus ihm ftammen wird, dafür kommt auch in Betracht,

dafs offenbar zahlreiche Ehreninfchriften für Quadratus in ihm ihren Platz gehabt haben werden, wie aus den Fundftellen von VIII, 2 Nr. 436, 438, 443, 445, 446, 447, 448, 449 (432?) hervorgeht. Dafs der in der That fechsfäulige Tempel auf den Münzen vierfäulig erfcheint, kann bei der fummarifchen Art folcher Architektur-Abbildungen auf Münzen kein Gewicht haben. Für die Beziehung des Tempels auf Trajan kommt auch noch in Anfchlag, dafs unter den Infchriftenfunden im Tempelbezirk oder am Abhang unter ihm fich kein Stück aus früherer Kaiferzeit befindet, dagegen eine Infchrift der Gemahlin des Trajan Plotina (VIII, 2, Nr. 398) und zwei dem Trajan felbft (Nr. 395. 396) gelten. Aufserdem find gleichen Fundorts ein Erlafs Hadrians (Nr. 274), zwei Weihungen aus der Zeit Hadrians (361. 362), zwei wahrfcheinlich auf Antoninus Pius (276. 277) und eine auf Caracalla (283) bezügliche Infchriften. Die bei diefen Infchriften vorkommende Plattenform der Steine, mehrfach mit einer Einrahmung, zeigt, dafs die Infchriftfteine an den Wänden des Tempels, wie Fränkel bemerkt, oder auch der Hallen angebracht waren.

Wenn wir die Architekturformen des Tempels mit Auguftcifcher Zeit früher vereinbar hielten, fo glaubten wir das durch einen Unterfchied afiatifcher und ftadtrömifcher Bauten rechtfertigen zu können. Aber mit Recht empfand es Schöne bei feiner Anwefenheit in Pergamon, als wir fchon den Namen Trajaneum an Stelle von Auguftcum geletzt hatten, als eine Erlöfung, dafs man nicht mehr genötigt fei, fich die zumal in der effektvollen Behandlung des Friefes etwas plumpe Pracht des pergamenifchen Tempels mit der in wenigftens ftadtrömifchen Beifpielen feineren Auguftcifchen Architektur zu reimen.

Dafs der Bau dem Kaiferkultus gewidmet war, fcheint er durch die Verwendung der Nike auf der Weltkugel in feinen Akroterien zu verraten. Die beftimmtefte Sprache, im Einklange mit der bilinguen Infchrift reden aber die in Überreften unter der eingeftürzten Cella gefundenen, offenbar einft in ihr als Tempelbilder aufgeftellten akrolithen Koloffalftatuen, deren Köpfe unzweifelhaft die des Trajan und Hadrian find (S. 6. 7).

Von einem Tempelbilde des Zeus Philios, wie es die Münzen zeigen, haben wir nichts gefunden, dafs aber Hadrian neben Trajan in der Tempelcella ftand, glauben wir in der Weife mit den Ergebniffen der Architektur-Unterfuchung in Zufammenhang bringen zu dürfen, dafs Hadrian der Gefamtanlage des Heiligtums durch die, wie nachgewiefen, nachträglich hinzugefügten Hallen die Vollendung gegeben hätte.

Der Gefamtcharakter der Anlage des Heiligtums ftimmt zu der fomit angenommenen Entftehungszeit. Der Baugrund wurde durch vorgefchobene Unterwölbungen zum grofsen Teil erft künftlich gefchaffen. Wie man alfo hier den Platz durch Hinzufügen zum Berge erft fchuf, fo gewann man ihn durch Befeitigung der Anhöhe beim Trajansforum in Rom, hier wie dort dafselbe fouveräne Schalten mit der Natur, welches die römifche Architektur bis zu diefer Periode in fteigendem Mafse charakterifiert.

DIE
EXEDRA DES ATTALOS
VND DAS
OSTDENKMAL

VON

OTTO RASCHDORFF

Die Funde von Einzeldenkmälern im Tempelbezirke waren nicht zahlreich. Zwei kleine Bauten aber, welche noch an ihrem ursprünglichen Platze vor der Nordstützmauer, wie Taf. III, XXXI und XXXII zeigen, symmetrisch zum Tempel gefunden wurden, beanspruchen ein besonderes Interesse, die mit der Namensinschrift Attalos' II. (Bd. VIII, 1, No. 168) versehene Exedra im Nordwesten und die nach ihrer Lage von uns das Olfdenkmal genannte Exedra im Nordosten des Tempelhofes. Der architektonische Entwurf beider Denkmäler zeigt denselben Gedanken, die Verbindung eines Postaments für Skulpturen mit einer Sitzbank, welche den Wanderer, der den höchsten Gipfel der Akropolis erstiegen, zum Ausruhen und zum Genusse der ihn umgebenden Anlagen einladen sollte.

Die Anordnung des Grundrisses ist bei der Exedra des Attalos halbkreisförmig, beim Ostdenkmal rechteckig. Welcher von beiden Formen der Vorzug gebührt, erscheint auf den ersten Blick nicht zweifelhaft zu sein, indem die Bogenlinie eine einheitliche Komposition der Skulpturen, eine gemeinsame Handlung, eine Steigerung nach der Mitte zu, kurz ein Werk aus einem Guß verlangt, während die gebrochene Linie die Darstellung in drei Teile trennt, welche nur in sich abgeschlossene Momente darstellen können, mag ihnen auch ein gemeinsamer Gedanke zu Grunde liegen. Ferner ist für die perspektivische Wirkung die Aufstellung auf gebogener Grundlinie günstiger. Die einzelnen Teile verdecken sich weniger, sodaß dem Beschauer ein größerer Spielraum in der Wahl des Standpunktes bleibt zur Beurteilung der Gesamtdarstellung. Die für griechische Kunst mehrfach bezeugten Statuenreihen auf halbrunden Postamenten werden freilich schwerlich immer zu einer gemeinsamen Handlung verbunden gewesen sein. Jedenfalls aber erscheint für einen Ruheplatz in der freien Natur die sich öffnende Form des Halbkreises angemessener und einladender. Der rechteckige Innenraum des Ostdenkmals wirkt bei den kleinen Dimensionen sehr geschlossen, fast beengend durch

die weit vorfpringenden Flügel, welche überdies noch den Blick nach aufsen, hier in
den Tempelhof und die weithin fich ausbreitende Landfchaft, befchränken.

Exedra des
Attalos.
Die Exedra des Attalos ift in ihrem architektonifchen Teil auf Taf. XXV und
XXVII, 1—3 dargeftellt. Den Zuftand, wie er bei der Ausgrabung hervortrat, zeigen
Taf. XXIX und die beiftehende Skizze Stiller's. Der Grundrifs läfst die halbkreisförmige

Anlage des 1,40 breiten Poftaments erkennen. Der Durchmeffer des innern Halbkreifes
beträgt 5,60. Der mittlere Teil des Poftaments ift nach der Rückfeite auf 1,60 erbreitert.
Die durch den Einfturz der oberen Halle und der Futtermauer herbeigeführte Zerftörung
des Denkmals, die anderweitige Verwendung einzelner Teile in fpäterer Zeit erlaubten
kein direktes Abmeffen der angeführten Dimenfionen. Genaues Aufzeichnen der Deckplatten ohne Berückfichtigung einer Fugenbreite ergab für den inneren Durchmeffer
5,58 m. Der halbkreisförmige Grundrifs erforderte ein befonders genaues Auftragen und
Bearbeiten der Werkftücke. Wie aus der Zeichnung, welche wir Bohn verdanken,
auf S. 59 erhellt, zeigt jedes Werkftück der Fundamentfchicht zwei Buchftaben als Stein-

zeichen, um die nebeneinandergehörigen Stücke leicht erkennen und richtig verſetzen
zu können. In der Abbildung ſind die Zeichen, um ſie deutlich zu machen, im Verhältnis zu den Werkſtücken zu groſs gegeben.

Den Aufbau des Denkmals bilden zu unterſt drei Stufen; die auſsen herum dem Halbkreis folgenden ſind noch erhalten; ſie haben 0,08 m Auftritt. Die vorderen Stufen, welche
als Treppe dienten, ſind dementſprechend mit gröſserem Auftritt im Grundriſs ergänzt.

Die Anſicht der erhaltenen unteren Stufe zeigt, von der Oberkante abwärts gemeſſen, an der Oſtecke eine 0,05 m, bis zur Weſtecke auf 0,10 m wachſende glatte
Bearbeitung; der untere Teil iſt rauh gelaſſen. Wahrſcheinlich hatte man die Abſicht

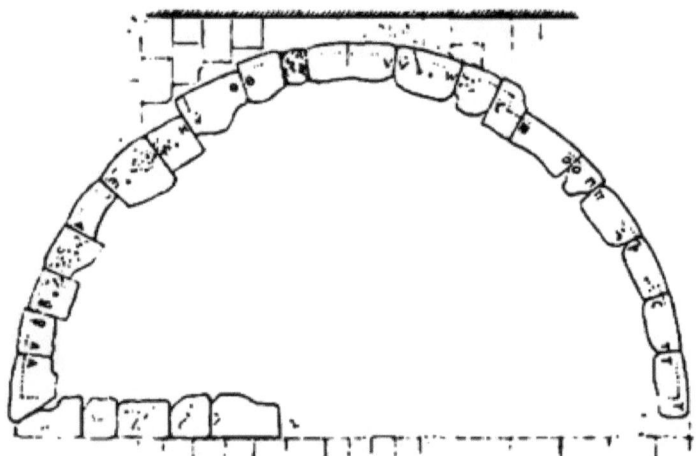

dem Plattenbelag des Hofes am Denkmal ein Gefälle entſprechend der Linie dieſer Bearbeitung zu geben, nahm aber nach Aufſtellung des Bauwerks davon Abſtand. Die
Annahme, daſs der Plattenbelag urſprünglich höher gelegen habe und ſpäter geſenkt ſei,
iſt durch den Befund nach Stiller's Anſicht ausgeſchloſſen.

Die untere Stufe trägt als Verſatzmarken dienende Buchſtaben in die Aufſichts-
fläche, die zweite und dritte Stufe in die Anſichtsfläche paarweiſe zur Stoſsfuge ein-
gemeiſselt, ſo daſs danach die Werkſtücke der erſten von denen der beiden anderen
Stufen zu unterſcheiden waren. Die letzteren zeigen wiederum eine Verſchiedenheit in
der Form der Buchſtabenmarken, indem dieſe das eine Mal einen angehängten Strich
zeigen. Das erſte Werkſtück der zweiten Stufe an der Oſtecke iſt nämlich mit א—ב
bezeichnet, das anſchlieſsende mit ב—ג, die folgenden mit ג—ד, ד—ה u. ſ. w. bis
ף—פ, die Stücke der dritten Stufe dagegen mit den reinen Buchſtaben ohne den angehängten Strich.

Der Marmorfufsboden im inneren Halbkreis des Denkmals, der fich an die dritte Treppenstufe in gleicher Höhe anfchlofs, fand fich nur in den geringen Reften erhalten, welche im Grundrifs eingezeichnet find. Sie zeigen, der Rundung der Bank folgend, ftarke Abnutzung durch die Füfse, ein Beweis, dafs die Bank viel befucht wurde. Auf der oberen Stufe liegt an der Aufsenfeite des Denkmals das fchön profilierte Fufsgefims, welches gegen die im inneren Halbkreis herumgeführte Bank endigt. Darüber erheben fich, wie aus dem Schnitt zu erfehen, die Standplatten. Den Befchlufs des architektonifchen Aufbaus bilden die zwölf Deckplatten. Die vier mittleren tragen an der inneren Seite die nur unwefentlich befchädigte Infchrift: Ἄτταλος βασιλέως Ἀττάλου. Da die Bezeichnung βασιλεύς fehlt, rührt die Exedra, wie Fränkel betont, aus der Zeit vor dem Regierungsantritte Attalos' II. her, wurde alfo vor dem Jahre 159 v. Chr. errichtet. An den übrigen Deckplatten befindet fich weiter keine Infchrift.

Der Kern des Denkmals zwifchen den Werkftücken beftand befremdenderweife aus einer fchlechten, kaum noch als Gufsmauerwerk zu bezeichnenden Füllung.

Die Architektur der Exedra zeigt wohl abgewogene Verhältniffe. Die Profile find ftraff gezeichnet, ihre Kurven zum Teil aus Flachen gebildet, deren zufammenftofsende Kanten nur etwas abgerundet find. Diefe Behandlung der Profile hat fich aus der Technik ergeben, welche gekrümmte Flächen zunächft aus einer Reihe von Ebenen zufammenfetzt und allmählich die Rundung herausarbeitet. Sie ift charakteriftifch für die Denkmäler der Attalidenzeit und läfst deren Arbeiten leicht von folchen römifchen Urfprungs unterfcheiden.

Die Ausführung der einzelnen Werkftücke zeugt von forgfältiger Arbeit, die Fugen find gefchliffen, Dübel und Klammern, in Blei vergoffen, bewirkten einen feften Verband. Die Fugen der Deckplatten gehen nicht radial, wie man wohl vorausfetzen follte, fondern weichen zum Teil erheblich von diefer Richtung ab. Die Veranlaffung hierzu mag in dem Streben nach beftmöglicher Ausnutzung des Rohmaterials zu fuchen fein, einem wenig kryftallinifchen Marmor von bläulichweifser Farbe.

Die Darftellung des Grundriffes auf Taf. XXV giebt ein genaues Bild der Oberanficht der noch vorhandenen Deckplatten. Aus ihr können wir einige Aufklärung über den ehemaligen Bronzefchmuck des Denkmals gewinnen, der jetzt verfchwunden ift. Er fetzte fich aus fünf Teilen zufammen, jeder aus wenigftens einer Figur und Attributen beftehend. Die Erbreiterung des Poftaments in der Mitte läfst auf eine gröfsere Bedeutung, ein Hervorheben des betreffenden Teils, alfo auf das Hauptmoment der Darftellung, fchliefsen. Wenn wir mit Fabricius annehmen, dafs die Infchrift, bei dem fonft auffallenden Fehlen des Verbums, nicht als Weihung der Exedra, fondern als Unterfchrift für eine Figur zu verftehen ift, fo ftand hier die Figur des Attalos felbft. Die Gefamtwirkung fcheint den Künftler veranlafst zu haben, die Mittelpartie möglichft zurückzufchieben; denn die Einfatzlöcher find fo nahe an die hintere Kante der Deckplatten gelegt, dafs, wie Seitenanficht und Grundrifs zeigen, die Ausarbeitung eines Teils der Profilierung unterbleiben mufste. Den Aufbau der Gruppe würde man fich ähnlich dem einer Giebelgruppe, von den Flügeln nach der Mitte in

der Höhenerhebung wachfend, denken können. Auf folche Weife würde jedenfalls eine
günfligere perfpektivifche Wirkung erzielt, als bei gleichmäfsig durchgeführter Höhe der
Skulpturen. Diefem Gedanken folgend wurde in einer früher im Jahrbuche der Königl.
Preufs. Kunftfamml. I, 1880, Taf. VII publizierten Anficht des Denkmals der figürliche
Schmuck angeordnet, dabei aber von einer Verwendung bekannter, der pergamenifchen

Schule zugefchriebener Skulpturen abgefehen, um falfche Vorftellungen zu vermeiden.
Wir wiederholen diefe Wiederherftellung beiftehend, machen aber darauf aufmerkfam, dafs
nach inzwifchen fortgeführter Unterfuchung die Rückwand der hochftehenden Nordhalle
nicht geöffnet, fondern durch eine Wand gefchloffen war. Für die Berechnung der Höhe
der Figuren waren die in den Marmor eingemeifselten Fufsfpuren beftimmend. Ihre Länge

von 0,25—0,28 ergiebt unter der Annahme, daß der Fuß das Einfatzloch ganz verdeckte, eine Höhe von etwas über natürliche Größe des Menfchen. Zur Befeftigung der Figuren befanden fich unter jedem Fuß zwei Anfätze, welche im Marmor in keilförmig fich nach unten erbreiternden Löchern von 0,10—0,15 m Tiefe eingebleit wurden. In ähnlicher zweckentfprechender Weife waren auch die übrigen Bronzeteile befeftigt. Ein Abnehmen war dann ohne teilweife Zerftörung des Bronzefchmucks nur durch Ausarbeiten des Marmors, wie es fpäter bei der Beraubung des Denkmals gefchah, möglich.

Die gute Erhaltung des architektonifchen Teils des Monuments, feine Wichtigkeit für die Datierung der pergamenifchen Bauwerke, fchließlich der Wunfch, neben den Skulpturen auch die Architektur Pergamons im Original in einer möglichft vollftändigen Auswahl zur Anfchauung zu bringen und auf diefe Weife fo weit als möglich ein Gefamtbild der pergamenifchen Kunft zu geben, veranlaßten, das Denkmal der Gefahr weiterer Zerftörung zu entrücken und es nach Berlin zu überführen, um es in einem Neubau der Königlichen Mufeen wiederaufzurichten.

Oftdenkmal. Das Oftdenkmal ift auf Taf. XXVI und XXX in dem Zuftande nach der Ausgrabung, auf Taf. XXVII, 4—7 in der Rekonftruktion und im Detail gegeben. An ihrem Platze fanden fich nur die Refte des Fundaments, des Fußbodens, des Sockels und an der Nordfeite die Standplatten, alles jedoch durch die herabgefallenen Trümmer mehr oder weniger verfchoben.

Der Grundriß ergiebt fich in feinen Dimenfionen annähernd aus den vorhandenen Längen der Sockelgefimfe, der Stand- und Deckplatten. An der Nordfeite beträgt die Länge des Sockelgefimfes nach Abzug des Profils 4,64 m. Die urfprüngliche Länge der inneren Standplatten war 3,24 m; addiert man hierzu die doppelte Poftamentbreite von 1,40 m, fo ergiebt fich für die Hinterwand eine Länge von ebenfalls 4,64 m. Die Länge der Deckplatten, an der Unterkante gemeffen, ift 4,62 m; die Differenz ift entftanden durch fpäteres Abmeißeln der Fugenflächen der beiden mittleren Deckplatten, ein Umftand, auf welchen wir noch zurückkommen werden. Die Länge der feitlichen Flügel läßt fich nur annähernd aus dem Sockelgefims der Weftfeite berechnen; diefes ift, ohne Profil gemeffen, in einer Länge von 3,385 m erhalten, das letzte Stück jedoch unvollftändig. Rechnen wir hierzu das fehlende Stück der Südfeite in einer Breite von 0,34 m, wie die Rückfeite fie giebt, fo beträgt die ganze äußere Länge des Flügels 3,725 m, die innere 3,025 m. Demnach ift der Innenraum des Denkmals faft quadratifch.

Der Aufriß des Denkmals (Taf. XXVII, Vorderanficht) zeigt zuunterft zwei Stufen. Sie waren fchon vor der Verfchüttung alle ausgebrochen und als handliches Material anderweit benutzt worden. Doch hatte man das Monument durch Unterkeilen von Steinen, befonders an der Nordoftecke, vor dem Zufammenbruch bewahrt, fo daß erft der Einfturz der Halle zu feiner weiteren Zerftörung führte. Aus der Fundamentbreite ergiebt fich, daß die Stufen als Trittftufen in voller Ausladung rings um das Denkmal herumgeführt waren, nicht wie bei der Exedra des Attalos an der Rückseite eingezogen. Die Wirkung ist für den Aufriß ungünstiger, das Postament erscheint zu sehr gelagert. Die Höhe der Stufen entsprach der Dicke der Fußbodenplatten von 0,23 m, wie aus der Ansicht von Süden auf Taf. XXVI zu entnehmen ist. Über den Stufen liegt ein Sockel von 0,23 Höhe, an der Außenseite des Denkmals profiliert, an der Innenseite glatt in gleicher Vertikalebene mit den Standplatten durchgehend. Nach dem Vorbilde der Exedra des Attalos habe ich angenommen, daß der profilierte Sockel innen ebenfalls gegen den Bankfuß endigte. Stand- und Deckplatten bilden, wie dort, den weiteren Aufbau zu einem Postamente von 0,70 m Breite.

Im inneren Raum stand auch hier eine Bank, wie Einsatzspuren für die Bankfüße im Marmorfußboden und eine Linie an den inneren Standplatten beweisen. Diese Linie, 0,15 über dem Fußgesims, ergiebt uns die Höhe der Bank von 0,38 (0,15 + 0,23 Fußgesimshöhe). Wie die Stufen, so fehlte bei Aufdeckung des Monuments auch die Bank vollständig. Für die Rekonstruktion wurde ein in der Nähe gefundener, auf Taf. XXVIII,4 dargestellter Bankfuß benutzt, der seiner technischen Behandlung nach allerdings aus römischer Zeit zu sein scheint.

Die Verhältnisse des Aufrisses, der Profilierung und die Technik stimmen im wesentlichen mit der Exedra des Attalos überein, nur sind die Gesimse im Einklang mit den etwas kleineren Dimensionen des Bauwerks einfacher gehalten. Das Material zeigt eine etwas hellere Färbung.

Bei genauer Untersuchung und Aufnahme des Denkmals, besonders der Teile, welche noch an ihrer Stelle waren oder deren Lage vor der Zerstörung sich noch genau feststellen ließ, ergaben sich eine Anzahl von Thatsachen, welche zu der Annahme zwingen, daß mit dem Denkmal bereits im Altertume Veränderungen vorgenommen worden sind.

Der Fußboden zeigt eine ganz unregelmäßige Zusammensetzung, so daß er nicht fertig vorbereitet zur Baustelle gebracht, sondern erst an Ort und Stelle passend zurecht gehauen sein kann. Es finden sich in ihm eine Menge Versatzmarken, die nur an einer einzigen Stelle zusammenpassen, sonst ohne Zusammenhang sind, ferner eine Anzahl von unregelmäßig verteilten Klammer- und Dübellöchern, deren Zweck bei der jetzigen Zusammensetzung der Werkstücke nicht zu ersehen ist; endlich sind die Einsatzspuren für die Bankfüße auffallend schlecht gearbeitet. Unmöglich ist dies also der Fußboden in seinem ursprünglichen Zustande, in welchem Falle er doch mit Hilfe der Steinzeichen richtig zusammengesetzt sein würde, abgesehen davon, daß wir eine so nachlässige Arbeit der Attalidenzeit, welcher das Denkmal nach allen Formkriterien ebenso unzweifelhaft, wie die inschriftlich datierte Exedra des Attalos, angehört, nicht zumuten mögen. Die Fußgesimse zeigen keine Spuren derartiger Umarbeitung, ihre Klammerlöcher passen genau aneinander, sie sind also nach dem ursprünglichen Plane richtig versetzt und konnten daher mit den inneren Standplatten und den Deckplatten zur Feststellung der Dimensionen des Denkmals benutzt werden. Ein Vergleich der Dübellöcher im Sockel, in den Deckplatten und in den an ihrem Platze gefundenen äußeren Standplatten ergab

dagegen, dafs von letzteren fich wiederum keine mehr an ihrem urfprünglichen Platze
befand. Taf. XXVI zeigt die Anficht der Nordfeite mit diefen Standplatten, fo wie fie
gefunden wurden. Es ift unverkennbar, dafs die Eckftücke vertaufcht find und urfprünglich ihre Langfeiten nach den Flügeln hin ftreckten. Der dann übrigbleibende
Raum war mit drei Platten gefüllt, ftatt wie jetzt mit zwei. Von diefen beiden an
ihrem Platze gefundenen Zwifchenplatten war eine früher eine innere Eckplatte des
weftlichen Flügels gewefen. Sie zeigt in der Anfichtsfläche die Bearbeitung für die
Fuge, oben das Klammerloch, noch gefüllt mit der abgebrochenen, eingebleiten Eifen-
klammer, die einft zur Verbindung mit der gegen fie ftofsenden inneren Standplatte der
Nordfeite diente. Die zweite Platte, mit dem umgekehrten Buchftaben *a* gezeichnet, ift
ein Stück, welches während des Aufbaus für die Lücke erft zurechtgearbeitet wurde,
gänzlich verfchieden in Behandlung der Fugen und Anfichtsfläche von den urfprünglichen Werkftücken des Denkmals. Die inneren hinteren Standplatten wurden zwar
an ihrem richtigen Platz gefunden, die weftliche jedoch, wie aus den Dübellöchern
hervorgeht, auf dem Kopfe ftehend. An Stelle der vorerwähnten, urfprünglich an fie
anfchliefsenden, im Umbau aber für die Hinterwand benutzten Platte des weftlichen
Flügels fand fich eine andere vor, welche für den Zufammenftofs keine folche Bearbei-

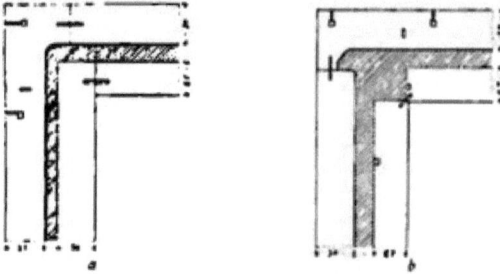

tung hat. Es find nur die Kanten etwas abgeftumpft und die Verbindung durch eine
über Eck gelegte Klammer hergeftellt. Die beiftehende Abbildung zeigt unter *a* die urfprüngliche, unter *b* die fpätere Verbindung. Von den Deckplatten wurden nur die zwei
mittleren der Nordfeite fo liegend gefunden, dafs ihr Platz im Denkmale fich fofort ergab.
Bei beiden liefs fich ein nachträgliches Abarbeiten je einer Fugenfeite feftftellen. Die
übrigen Platten, foweit fie überhaupt erhalten find, wurden verftreut, zum Teil in der
Nähe anderweitig verbaut vorgefunden. Ihre Form und ihre Standfpuren liefsen ihre
urfprüngliche Stelle aber leicht feftftellen, wie fie Taf. XXVII giebt.

Ziehen wir den Schlufs aus allen diefen Thatfachen, fo ergiebt fich unzweifelhaft,
dafs wir das Denkmal nicht in feiner erften Verfaffung, fondern vollftändig umgebaut
vorgefunden haben. Nur fchnelles Abbrechen, planlofer Transport und nachläffiges
Wiedererrichten laffen folche Verwechfelungen der Werkftücke, wie wir fie dargelegt

haben, erklären. Das Denkmal hat alſo früher an einer anderen, uns nicht bekannten Stelle geſtanden und iſt bei der Errichtung des Trajaneums als Gegenſtück zur Exedra des Attalos in den Tempelhof übergeführt worden. Beim Abbruch mufste man die Bronzen ablöſen. Der Gedanke an einen Transport der Deckplatten mit den Bronzen iſt ausgeſchloſſen durch die Schwierigkeit einer ſolchen Arbeit und das vorher erwähnte Abarbeiten der Fugen, welches ſonſt nicht hatte geſchehen können. Die Skulpturen ohne Beſchädigung abzuheben, war bei der ſorgfältigen Beſeſtigung in den keilförmigen Löchern nur möglich, wenn man den Marmor um dieſelben in der Weiſe wegmeiſselte, wie die Platten es jetzt zeigen. Damit benahm man ſich aber die Möglichkeit, ſie nachher wieder in ſolider Weiſe zu beſeſtigen, wenn man überhaupt noch dieſe Abſicht hatte. Man kann wohl annehmen, dafs man ſich mit dem Wiederaufbau des Denkmals ohne den Bronzeſchmuck, der etwa anderweitig verwandt wurde oder ſchon früher entfernt war, begnügte.

Nachdem wir dergeſtalt die Überführung des Oſtdenkmals von einer anderen Stelle her in den Tempelhof erwieſen haben, liegt es vielleicht nahe, ein gleiches Verfahren auch für die Exedra des Attalos anzunehmen, doch ergab eine genaue Unterſuchung keinen Anhaltspunkt hierfür. Es ſprach im Gegenteil die ſorgfältige, korrekte Zuſammenſetzung, verglichen mit dem Befund des Oſtdenkmals, für einen unangetaſteten Zuſtand. Die Exedra des Attalos wurde alſo in dem für den Tempelbau gewählten Terrain, ebenſo wie die Nordſtützmauer, vor welcher ſie ſteht, ſchon vorgefunden und in geſchickter Weiſe von dem Architekten in die neue Anlage hineingezogen.

Auf Taf. XXVIII iſt endlich eine Anzahl von Bruchſtücken dargeſtellt, welche bei der Ausgrabung im Trajaneum gefunden wurden. **Bruchſtücke.**

Fig. 1. 2. Zwei Eckblöcke eines Giebels von weiſsem Marmor, gefunden auf der Oſtſeite des Tempels. Arbeit römiſcher Zeit.

Fig. 3. Sockel eines Poſtaments von weiſsem Marmor, gefunden auf der Südſeite des Tempels. Die Rückſeiten ſind unproſiliert, die Profile an den beiden Seiten für eine anſchliefsende Marmorbrüſtung eingeſchnitten. Arbeit römiſcher Zeit.

Fig. 4. Bankfufs von weiſsem Marmor. Arbeit römiſcher Zeit.

Fig. 5. Deckplatte eines Poſtaments von weiſsem Marmor mit Standſpuren eines Bronzebildes. Gefunden auf der Südſeite des Tempels. Die Rückſeite ſtiefs gegen eine Mauer, die Seiten zeigen Einſchnitt für eine Brüſtung. Arbeit römiſcher Zeit.

Der Sockel und die Deckplatte eines Poſtaments Fig. 3 und 5 ſind bei der Rekonſtruktion der Nordhalle benutzt (f. oben S. 41), ebenſo iſt der Bankfufs bei der Rekonſtruktion des Oſtdenkmals herangezogen worden (f. oben S. 63).

ÜBERSICHT DES TEXTINHALTS

BAND V 2
DAS TRAIANEUM VON HERMANN STILLER

	Seite
Lage des Heiligtums	1
Der Tempel:	
Die Unterbauten:	
Die Gewölbe unter dem Tempel	5
Die Gewölbe unter dem Tempelfelde	7
Die große Stützmauer	10
Der Oberbau:	
Der Sockel	12
Die Marmorverkleidung des Sockels	14
Rekonstruktion des Sockels	16
Aufbau des Tempels:	
Die Säulen	17
Der Architrav	20
Der Fries	20
Das Hauptgesims	25
Die Wände	29
Der Giebel und das Dach	32
Die Akroterien	33
Zur Rekonstruktion	34
Der Tempelhof	34
Die Hallen:	
Die Unterbauten:	
Unterbau der Kopfbauten der Westhalle	36
Unterbau der Kopfbauten der Osthalle	37
Fortsetzung der großen Stützmauer nach Osten	38
Der Oberbau:	
Die Nordhalle	40
Die Osthalle	42
Südöstlicher Vorbau	44
Die Westhalle	49

Die Gefamtanlage:

	Seite
Material und Technik	40
Rekonſtruktion	51
Bauzeit und Name	51

DIE EXEDRA DES ATTALOS UND DAS OSTDENKMAL
VON OTTO RASCHDORFF

Lage und Form beider Denkmale	57
Exedra des Attalos	58
Oſtdenkmal	62
Bruchſtücke	65

VERZEICHNIS DER TAFELN
UND
DER IM TEXTE AUF SIE BEZÜGLICHEN SEITEN

Tafel		Seite
I.	Ansicht von Südoft	8. 10. 11. 36
II.	Das Tempelfeld nach der Ausgrabung. Anficht von Nordoft	1. 2. 12. 18
III.	Gewölbeanlage und Tempelfeld. Plan	3. 5. 7. 9–12. 34. 36. 37. 42. 46. 47. 49. 57
IV.	Tempel-Grundrifs und -Schnitt	12. 14. 15. 34
V.	Die Anfichten des Tempel-Unterbaus . . . . , .	12. 13. 14
VI.	Tempel-Unterbau. Anficht von Südweft	12
VII.	Tempel-Durchfchnitte	3. 5. 6. 8. 10. 12
VIII.	Einblick in die Gewölbe	7. 8. 9
IX.	Tempel-Unterbau. Aufblick von Nord	12
X.	Einzelheiten vom Tempel	16. 17. 19. 20. 21. 26. 31
XI.	Säulenkapitell vom Tempel, rekonftruiert	19
XII.	Fries und Kapitell vom Tempel. Kapitell von den Hallen .	19. 21. 42
XIII.	Einzelheiten vom Tempel	26. 28. 30–33
XIV.	Mittel-Akroterion vom Tempel, rekonftruiert	34
XV.	Akroterien vom Tempel	34
XVI.	Vorderanficht des Tempels. Rekonftruktion	32. 34
XVII.	Ofthalle. Grundrifs und Durchfchnitte	11. 35. 37. 38. 42–44
XVIII.	Weft und Nordhalle. Einzelheiten der Ofthalle	35. 37. 38. 41. 43. 44. 49. 50
XIX.	Südoft-Ecke der Stützmauer	39
XX.	Südweft-Ecke der Stützmauer	10. 11. 36
XXI.	Untere Öffnung der Stützmauer, im Often	11. 38. 39
XXII.	Diefelbe, zwei Anfichten	11. 38. 39
XXIII.	Einzelheiten der Hallen	26. 41. 42. 44
XXIV.	Einzelheiten der Hallen	45–49
XXV.	Exedra Attalos II. . . . . : . . .	58. 60
XXVI.	Oft-Denkmal	62. 64
XXVII.	Profile der Exedra Attalos II. Oft-Denkmal	58. 62. 64
XXVIII.	Bruchftücke	41. 62. 65
XXIX.	Exedra Attalos II.	44. 58
XXX.	Oft-Denkmal	2. 18. 62
XXXI.	Grundrifs der Gefamt-Anlage. Rekonftruktion	34. 42. 44. 47. 51. 57
XXXII.	Gefamt-Anlage. Anficht von Süden. Rekonftruktion .	10. 11. 38. 42. 46. 51. 57
XXXIII.	Gefamt-Anlage. Anficht von Often. Rekonftruktion . . .	51
XXXIV.	Wiederherftellung des Trajaneums	1. 51

VERZEICHNIS DER ABBILDUNGEN IM TEXTE

Titelvignette vergl. Band II, Seite 25.
Plan von Pergamon vor Seite 1. Die auf dem Plane in Band II und VIII, 1 befolgte Benennung »Julia Tempel« ist in »Faustina-Tempel« geändert auf Grund der Darlegung von Fränkel in Band VIII, 2, Nr. 298.

	Seite
Trajaneum, Ansicht von Süden, vor der Ausgrabung	1
Trajaneum, Ansicht von der Theaterterrasse aus . . . . vor	5

Tempel:

Kopf des Trajan	6
Kopf des Hadrian	7
Verkleidungsplatten des Sockels	14. 15
Rekonstruktion des Sockels	16
Säulenbasis	17
Architrav, Durchschnitt	20
Fries, Block und Platte, Eckblock	21
Fries (Erläuterungszeichnung)	22
Fries, Fundkarte	22
Fries, Rekonstruktion	23
Hauptgesimsplatte	26
Hauptgesims-Eckblöcke	27
Hauptgesims-Eckblock (Erläuterungszeichnung)	28
Antenkapitelle	31
Sockelgesims der Anten	31
Tempelrückwand, Rekonstruktion	32

Hallen:

Thor in der Fortsetzung der großen Stützmauer nach Osten	39
Stützmauer im Norden des Tempelfeldes	40
Dieselbe, ihr Ende im Westen	41
Architrav von den Kopfbauten der Hallen	45
Südöstlicher Vorbau, Planskizze	46
Akroterien	47. 48. 49
Trajansmünzen	53

Exedra des Attalos:

Zustand während der Ausgrabung	58
Fundament, Grundriß	59
Rekonstruktion	61

Ostdenkmal:

Standplatten (Erläuterungszeichnung)	64

BERLIN, GEDRUCKT IN DER REICHSDRUCKEREI.